괴물의 피아노 위에 일기장을 놓고 온 소녀

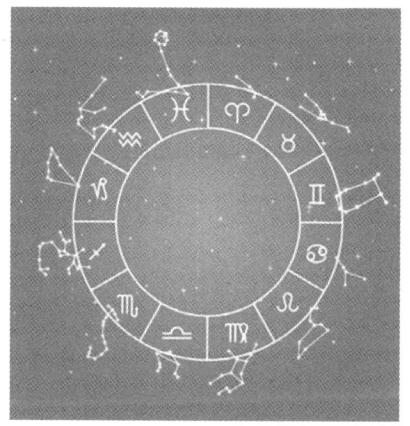

나경아,
사랑은 그 사람이 원하는 걸 주는 게 사랑인데
엄마랑 아빠는 둘 다 널 원했어.
그런데 널 둘로 나눠가질 수 없어서 이혼은 아픈 거였단다.

괴물의 피아노 위에 일기장을 놓고 온 소녀

초판 1쇄 인쇄	2022년 05월 20일
초판 1쇄 발행	2022년 05월 30일

신고번호	제313-2010-376호
등록번호	105-91-58839

지은이	올리비아경

발행처	보민출판사
발행인	김국환
기획	김선희
편집	정은희
디자인	김민정

ISBN	979-11-92071-61-9	03800

주소	서울시 강서구 마곡서로 152, 두산타워 A동 1108호
전화	070-8615-7449
사이트	www.bominbook.com

- 가격은 뒤표지에 있으며, 파본은 구입하신 서점에서 교환해드립니다.
- 이 책은 저작권법에 의하여 보호를 받는 저작물이므로 무단 전재와 복사를 금합니다.

올리비아경 동화시집

괴물의 피아노 위에
일기장을 놓고 온 소녀

행복하다고 말한 사람은 불행했고,
불행하다고 말한 사람은 행복했습니다.

프롤로그

소녀가 바람을 호 불었습니다.
기억이 흐릿해졌고, 요정들이 축하해주었습니다.
소녀는 또 다른 세상의 문을 열었습니다.
세상이 한 번 더 바뀌었고,
소녀의 첫마디는 "이제 어둠이 무섭지 않아."였습니다.

편히 잠들었고, 요정들은 춤을 추었죠.
소녀가 살던 세상에서 소녀는 동물들과 이야기를 했습니다.
소녀가 믿고 있던 한 가지 사실은 '돌아가고 싶다.'였습니다.

"내가 믿었던 세상에선
진실과 사실을 구분하는 사람이 없었어."

바람이 또 한 번 불더니
소녀는 처음 있었던 장소로 돌아갔습니다.
소녀는 울지 않았습니다.

환상은 깨졌지만,
다시 돌아온 세상에 소녀가 좋아하는 햇살이 있었으니까요.

소녀는 사실을 발견했을까요?
아무렇지 않게 방으로 들어가서 뭔갈 할까요?
그저 웃기만 할 수도 있어요.
창문이 열리더니 밖에서 소녀의 아버지가 소녀를 부릅니다.

"밖에 나가서
벼가 익었으니 베어오렴."

소녀는 투덜거리며 밖으로 나갔습니다.
살굿빛 햇살과 노란 벼들이 흔들리고 있어요.
도시 생활을 꿈꾼 소녀는
"왜 이런 걸로 흐뭇해하는 거야 난!"이라고 말하며 벼를 벱니다.

"있잖아, 내가 다른 세상을 다녀온 사실이
아무것도 아닌 것처럼 되는 날이 올까?
바쁘게 살면 말이야."

"아니."

"내가 아는 주위에 있는 어른들처럼
회색빛 얼굴을 하며 하루하루 사는 게
내 모습이 되지 않을까?"

"말도 안 돼."

"벌써 추억이 사라지는 거 같은 느낌은 뭘까?
이젠 어디에도 날 위로해줄 사람은 없어."

벼와 대화는 끝났습니다.
또다시 바람이 불었고,
소녀는 거울이 있는 방으로 들어갔어요.

"당신을 잊지 않을게요."
토끼 가면을 쓴 신사복을 입은 사람이 말을 했습니다.

"여기에 다시 오게 된 걸 후회하지 않아요.
하지만 시간이 지나면 잊어버릴 수도 있어요.
그게 무서워요."
소녀가 말했어요.

"괜찮아요. 이곳에 찾아오게 되는 날 기억이 날 테니까.
무서워하지 마요. 잘 가요."
토끼 가면을 쓴 신사복을 입은 사람이 말을 했습니다.

소녀는 다시 집으로 돌아왔습니다.
소녀를 부르는 아버지의 목소리가 들립니다.

물방울이 한 방울 떨어졌습니다.

비가 오려나 봅니다.
소녀는 소녀의 손에 떨어지는 물방울을 기억했습니다.
집으로 달려간 소녀는 옷을 갈아입고 생각에 잠겼습니다.

미소를 지은 소녀는 잠이 들었습니다.
소녀는 꿈속에서 여전히 외롭습니다.
소녀는 깨어났고, 달빛을 바라봅니다.
잠이 오지 않는 밤입니다.
소녀는 신발을 신고 밖으로 나갔습니다.
빨리 달려도 소녀가 있는 공간은 절대 바뀌지 않았습니다.

불빛과 건물들이 크게 느껴집니다.
소녀를 덮칠 것처럼 건물의 무게에 압도되어 버렸습니다.
속에서부터 끓어오는 상실감을 멈출 수가 없었습니다.
소녀는 계속 잊으려고 했습니다.

소녀는 누군지도 모르는 인물들과
어딘지도 모르는 장소를 그리워하고 있습니다.
특별했던 순간을 아무것도 아닌 거라고 되뇌이고 있고,
이제는 화가 납니다.

별거 아니라고 말합니다.
별거 아니라 입으로 말을 했지만,
특별했던 경험이 너무 소중해 아직도 그리워하고 있습니다.

하루가 지났습니다.
아무것도 하기 싫어지고 힘이 빠졌습니다.
소녀는 눈을 감습니다.
변한 건 없습니다.
시계 초침이 한 번 움직인 거 외엔.
이젠 눈물도 나지 않습니다.

바람이 휙 불었고,
소녀는 지금 3년 전에 갔던 거울이 있는 방에 서 있습니다.

"나를 위해 시를 써주지 않겠니?
30일간 매일 2편씩 3번에 걸쳐서. 그럼 90편이 돼."
토끼 가면을 쓴 신사복을 입은 사람이 말했습니다.

"좋아요."
소녀는 대답했습니다.

"너에게 이름을 지어줄게. 올리비아경이 좋겠구나."
토끼 가면을 쓴 신사복을 입은 사람이 말했습니다.

목차

프롤로그 _ 4

제1부. 별 이야기 _ 12
제2부. 달 이야기 _ 90
제3부. 태양 이야기 _ 184
제4부. 구름 이야기 _ 290

에필로그 _ 379

모든 게 끝난 줄 알았지.
그냥 헤매고 있었지.
딴 사람들은 나만 모르는 암호를 주고받는 거 같았어.
세상이 어떻게 돌아가는 건지 알 수 없었어.

제1부. 별 이야기

첫 번째 별 I

숲속의 이상한 교실

문을 열려고 했지만 열쇠가 맞지 않는다.
이 방 안에선 빠져나올 수가 없다.
내가 만든 이 틀 안에서 빠져나올 수 있는 건
내 자신뿐인 걸 깨달았을 때
나는 울어버렸다.

눈을 뜨고 나니 옛 친구들이 보였다.
친구들은 나에게 문제집을 건네주었다.
수업이 시작되고 친구들은 내 얼굴을 보았다.
난 그 자리를 뛰쳐나왔다.

숲을 지나 밀림을 기어서 내가 도착한 곳은 숲속 버려진 섬
그곳에서 나는 수업을 듣고 있는 친구들을 만나게 되었다.

첫 번째 별 II

분명 네가 놓친 게 있어. 미래의 네가

그것 때문에 미치겠는 것도 사실이야.
과거에 나는 그랬을 리가 없다고 말했지.
나도 내가 왜 이런 건지 몰라.
시간은 없는데 꼭 해야 할 일이 있어.

세상이 사랑 노래로 들썩일 때
너 혼자 세계 종말에 관한 노래를 부르는 건
네가 차였기 때문이야.

뭘 해도 네가 사는 세상은
끝없이 정신없을 거고,
그 속에서 어떻게든 살려고 발버둥칠 거야.

가끔씩 너에게 선물을 주는 사람도 있을 거고,
또는 오물을 던지는 사람도 있을 거야.
네가 말한 세상의 끝이 찾아오면
아름다운 노래가 울려 퍼지고
세상이 좀 더 재밌어지겠지.

내가 갈구했던 모든 평안이 가까운 곳에 있는 걸
늦게 알 수도 있어. 그래도 걱정하지 마.

세상은 널 버리지 않을 거고, 늦어도 괜찮아.

네가 말한 세상의 끝이 찾아오면
아름다운 노래가 울려 퍼지고
세상이 좀 더 재밌어지겠지.

두 번째 별 I

별

카스테라로 만든 천장을 뚫어서
하늘을 날아 올라가자.
꿈에서 본 친구들이 나타나겠지.

언젠가 추락할지 모르는 그곳으로 나는 날아간다.
끝을 모르는 내 날개는
큐피트의 화살을 가볍게 피하고
금가루 얹힌 나무에 추락했지.

두 번째 별 II
만남의 광장

날 좀 데려가.
낙원이 있는 그곳으로…
절망이 함께하는 이곳에선
아무것도 할 수 없어.

날 지켜보는 눈들이 너무 많아.
마음만 먹는다면 우리 함께할 수 있어.
난 사진을 믿지 않아.
하지만 지금은 믿고 싶어.
날 그곳으로 데려가 줘.

모든 걸 걸 수 있을 만큼
난 거기로 가길 원해.
녹색 창과 파란색 창이 빛나는 곳으로
거긴 희망이 공존하며
밝음이 함께하고 있지.

어린아이들의 웃음소리가 넘치고
가끔 미친 아이들이 돌아다닌다는 건 알지만
그래도 난 넘길 수 있어.
나도 거기서 맘껏 뛰어놀고 싶어.

얼마 전에 70대 할아버지가 다녀갔다며?
나는 지금 약간의 스트레스와
오그라듦과 즐거움을 원해.

세 번째 별 I

뭘 해도 공장 밖으로 나갈 수 없다

소녀는 시나리오 공장에 갇혔다.
나갈 수도 없는 성으로 둘러싸인 공장엔
소녀가 쓴 글이 돌아다니고 있다.

글은 주인을 찾아 날아다니기도 하고,
체리를 먹기도 한다.

글들은 자신이 정리되어지길 원한다.
소녀의 일기장에 적히길 원한다.
그렇지 않으면 구겨져 쓰레기통에 버려지니까.

세 번째 별 Ⅱ

다시 말하면 네가 생각한 거만큼
이 세상은 아름답지 않다구

"넌 내가 미쳤다고 말했지.
아니, 내가 뭘 잘못한 거야?"

"별것도 아닌 거 가지고 계속 신경 쓸래?
네가 먹은 건 마약이야.
이제 환상 속에서 나와.
어차피 후유증은 겪을 거잖아?
시간을 늦출 뿐 사실은 변하지 않아.
세상이 다 영화 같은 건 아니니까."

네 번째 별 I

도와주세요

"사랑해."라고 말하자 산타는
나에게 방울을 주려고 했다.
하지만 마음을 바꾸자 어린이 스티커 3장을 주었다.

내 마음속엔 착한 마음과 나쁜 마음이 있다.
늑대인간은 생각이 많은 아이는 자기처럼 될 거라고 했다.
늑대인간이 되면 가족과 친구들에게
공격을 당할 수도 있다고 했다.

나는 그 자리를 벗어나 집으로 달려갔다.
밥을 먹고 잠자리에 누우면
귀신들과 눈을 마주치게 된다.
어느 샌가 내 눈앞에 다가오기도 한다.

네 번째 별 II

마법은 시작된다

괘종시계 추에는
나만 보이는 창문이 있다.

그 창문에 들어가서
빨간 도장이 찍힌 집을 찾아가면
옥수수죽을 얻어먹을 수 있다.

물속으로 가면
자주 가는 토끼의 주머니 가게가 있다.
거기서 팝콘을 얻어먹고
최신 트렌드에 대해서 이야기를 나눈다.

토끼가 알려준 최신 유행하는 옷을 입고
들국화만 취급하는 꽃집에 가서
산딸기 언니의 연애 이야기를 듣는다.

벚꽃이 바람에 날리면 요정들이 춤을 춘다.
축제를 한껏 즐기고 12시.

다섯 번째 별 I

멀어지다

모든 게 끝난 줄 알았지.
그냥 헤매고 있었지.
딴 사람들은 나만 모르는 암호를 주고받는 거 같았어.
세상이 어떻게 돌아가는 건지 알 수 없었어.

오~ 다친 마음에 드디어 피가 나네요.
전 이렇게 될 때까지 기다렸어요.
이제 내가 보이나요?

다섯 번째 별 II

잃어버린 친구를 찾아서

너에게 해줄 적절한 단어를 찾지 못한 나는
공간에서 맴돌고 또 언저리에 남아
언어의 혼돈을 헤엄쳐 너에게
또 거절의 의미를 담은 말을 한다.

"인정하지 싫겠지만 그게 너니까.
살인에 대한 암시를 끝없이 주었지만
알아차리지 못한 당신
끝까지 날 실망시켰어요."

"사람들이 눈물 흘리는 모습이 보이니?"

이유는 다 다르지만
그들의 눈은 한 사람을 향하고 있고

"조금만 기다려
너를 위한 환상곡은 준비되어 있어."

여섯 번째 별 I

몽글몽글 설레다가 삐죽삐죽 아프게 하고

당신을 생각한 이 시간이

나에게 깨져 조각으로 남겨진 거울이 되어

틈이 없게 만들어버린 건

누구의 장난일지

궁금합니다.

스스로 나무가 되어버린

아가씨의 장난일지

공주의 병을 고치는 마법사일지…

1. THE MAGICIAN (R) 마법사

여섯 번째 별 II

**남자의 성을 가진 자는 사냥하는 법을 알려주고
여자의 성을 가진 자는 사냥하는 자를 죽이는 법
을 가르친단다
그래서 남자의 성을 가진 자들은
늘 여자의 성을 가진 자들을 두려워한단다**

엄마라는 존재는 검은 고양이로,
옆집 아주머니로, 변호사로 나타났다.

그녀도, 그도, 성별이 모호한 그것도,
그것이라 불리는 그 어떤 것도
기계라 불리는 무언가에 이끌린 채
내가 기계가 되어, 혹은 되고자 하여
밤엔 모든 게 숨겨지는 줄 알았겠지.

만들어진 게 아닌, 만들어져 버린
혹은 누군가의 소망에 의해 만들어지고자 한
그렇게 예정되었던 사람인 척하는 고양이처럼
우린 어느새 어느 노인의 방문을 두드리곤 한다.

우리 자신이 검은 고양이였다는 걸 숨긴 채.

일곱 번째 별 I
당신을 도우는 게 날 살리는 길이었어요

늑대의 가면을 쓴 개와
늑대를 잡으러 온 사냥꾼

최선을 다해 마지막 방아쇠를 당겨
하얀 모자를 지켜주고 싶었던 사냥꾼은 괴물이었답니다.

그는 마지막 남은 총 한 방을
자기를 위해 쓸까?
남을 위해 쓸까?
고민하다 하얀 모잘 위해 쓰기로 했습니다.

일곱 번째 별 II

괴물은 마지막 눈물을 흘렸습니다

하얀 모자를 푹 눌러쓴 아이는
여자의 도움이 필요한 거 같았습니다.

여자의 온정일지
남자의 배려일지
그건 알 수 없었습니다.

성의 경계가 모호한 듯 보이는
사람들에게 둘러싸여
누군가는 우산을
누군간 편지를
남겨둔 채 말이죠.

혼란스런 언어의 강 속에서
그 모든 건 감사의 이름으로
소녀가 쥐고 있던 돌멩이에
신비한 기운을 불어넣어 주었습니다.

여덟 번째 별 I

태양이 질투하지 않게

달이 구름에게 말합니다.
"절 숨겨주세요. 아직은 별을 보기 힘들어요."

구름은 말합니다.
"내가 검은 양탄자로 당신을 가리면 되겠어요?"

그러고 나서 구름은 검은 양탄자를 꺼냈고,
비는 달의 눈물을 가려줬고,
번개는 달의 액세서리가 되어주었습니다.

아무도 달님을 방해하지 않게…

여덟 번째 별 Ⅱ

쌍둥이자리

"지도를 펼쳐서 남쪽을 찾으렴.
10살 된 아이의 엄지손톱만 한 거리만큼이면 된단다."

날 만나러 온다던 엄마도
나를 지켜주겠다던 아빠도 없는 그곳엔 오로지
나무와 들판뿐이었습니다.
늑대 울음소리가 들렸지만 슬프지 않았습니다.

달은 명령했습니다.
"땅으로 가서 노란색 꽃들을 모아오세요.
이정표를 만들어주게.
나를 찾아오라는 주문을 만들 거예요."

숫자를 온몸에 새긴 소녀는 말했습니다.
"게가 발가락을 물면 어떡하죠?"

옆에 있던 괴물이 말했습니다.
"내가 음악을 들려주면 되겠니?"

아홉 번째 별 I

달은 반짝이는 별을 감추지 못했습니다

"시끄럽구나."

바스락거리는 소리가 들렸습니다.

"시끄럽지 않아요."

나뭇잎이 말했습니다.

"언젠가 당신도 좋아했었을 것 같은 음악을 들려드릴게요."

피아노를 쳤던 건 괴물이었습니다.

"추억이 생겼네."

이름 모를 아가씨는 말했습니다.

"누군가 질투하겠네."

아홉 번째 별 II

소녀는 눈물을 흘렸습니다

동화 속을 방황하던 소녀가 있었습니다.

웬 여자는 말했어요.
"당신이 잃어버린 게 있어요."

아이는 토끼의 그 말을 따라 했습니다.
"토끼님, 토끼님이 잃어버린 게 있어요."

토끼는 대답했습니다.
"이제 겨울이 올 텐데
겨울은 너 같은 아이에게 유달리 춥지.
네가 나에게 말을 걸어줬을 때
너는 나에게 중요한 인물이 되었단다."

열 번째 별 I

소녀는 클래식을 좋아하게 됐습니다

괴물은 피아노를 쳐주었습니다.

"다른 세상을 보게 될 거다.
음악이라는 건 사람을 안정시키지."

늑대와 괴물 그리고 소녀는
달과 별을 두고서 피아노 연주를 들었습니다.

치명적이었습니다.

피아노는 괴물에겐 위로를, 소녀에겐 웃음을
늑대에겐 공포감을 주었습니다.

열 번째 별 II

잠시 동안이라도 행복해지길

"이전에 당신과 닮은 여자가 있었어.
그 여자에게 쳐주었던 음악이지."

소녀는 산으로 갔습니다.
자작나무들이 바삭거렸습니다.

"토끼가 사는 집으로 가렴.
말린 꽃과 행성 그리고 수정구슬
온갖 마법이 시작되는 그곳에
너를 살릴 수 있는 길이 있을 거야."

이별이 주는 두려움은 말린 꽃을, 세상에 대한 위로는 행성을,
인어공주는 자아를, 호리병은 버리고 싶은 과거를

"너의 선택은 무엇인가?"

수호천사는 말했답니다.

"슬픈 길을 택하겠습니다."

그리고 소녀는 여자가 되었습니다.

열한 번째 별 I

괴물의 피아노 소리를 들었던 건 소녀가 유일했답니다

한 번 와봤던 곳 같은 그곳은
수정구슬을 든 토끼와 같이
시간을 보내고 싶은 사람들로 붐볐다.
모두 호리병을 하나씩 들고
그 안에 무언갈 담기 위해 찾아왔겠지.

토끼는 말했어요.
"넷이 걷던 거리를 이젠 홀로 걷네."
"둘이 걷던 거리를 이젠 상대만 바뀌었네."

괴물이 말했어요.
"하지만 혼자 있을 때 더 즐겁지."

거인이 쳤던 음악은 말이야.
진실을 말하게 하는 음악이었어.

열한 번째 별 II

소녀는 다시 꽃을 받을 수 있을까요?

"호리병에 담긴 약을 먹어."
토끼가 말했습니다.

행복하다고 말한 사람은 불행했고,
불행하다고 말한 사람은 행복했습니다.

"미래를 알아요?"
토끼가 말했습니다.

토끼는 소녀가 갖고 있던
상자 안에 있었어요.

"네가 보고 있는 건
창문에 붙여진 가짜 나뭇잎이지만,
밖에 나가면
진짜 나뭇잎을 볼 수 있어."

"싫어요."
소녀는 "싫어요."가 되었답니다.

이름을 지어주지 않았던 게

문제였을까요?

친절이 독화살이 되어주었고,
기차를 탔던 소녀는
그날 이후로 토끼를 사랑하게 되었답니다.

열두 번째 별 I
희미해진 별

소녀가 너무 이쁘다고 생각한 늑대는
소녀를 갈색 문이 있는 방 안에 둔 뒤
그곳에 90일을 있으라 했어요.

늑대는 말했습니다.
"이 가면이 나에게 어울리느냐?"

어느덧 사라진 머리가 짧은 소녀가
소원을 들어주기 위해 보물상자에 담았던 건
호수에 빠진 공주의 눈도
사진을 찍자 말했던 미래의 나도

고요하게
계란을 툭 하더니
닭이 눈물을 한 방울 떨어뜨렸고
파랗게 돼버린 눈동자는
가치를 알아보고 싶어 했으며
그 순간 별은 울었습니다.

열두 번째 별 II
추억을 사고파는 공장

괴물을 만든 과학자는
여자를 통해 괴물이 바뀌길 바랬답니다.

"당신의 반짝이는 눈을 통해서
제가 빨려 들어간 것처럼
제가 만든 괴물의 피아노 선율 속으로
빨려 들어가 보세요."

"괴물의 피아논 지루하지 않을 테니까 절대로."

"이 가면을 벗겨줄 수 있는 건
내 앞에 나타난 이 여자야."

누구의 목소린지 알 수 없었습니다.

거인의 눈물이,
잠을 자고 있던 별이,
그걸 지켜보던 여자에겐
모두 똑같은 질문이 주어졌죠.

"정해진 미래를 선택할래?

바꿀 수 있는 내일을 고를래?"

말은 공기가 되었고,
나쁜 건 호리병으로,
수줍은 당부는 여자에게 담겼답니다.

열세 번째 별 I
지켜줄게

소녀가 과학자를 만났던 건 우연이었을까요?
과학자는 괴물을 통해 소녀가 여자가 되길 바랬고,
여자는 잠을 기다렸습니다.

과학자는 괴물을 만들면서
필요한 준비물은 눈물이라고 했습니다.

"틀렸어요, 나에게 필요한 건 단 하나
'망각'이에요."

울음을 삼켰습니다.

"별이 하루 동안 웃는 양과 우는 양을 담아오렴."

누군갈 기다리고 있었던 소녀는
과학자의 말을 듣기로 했습니다.
뛰고 있는 소녀에게 과학자의 당부는 울려 퍼졌습니다.

"이 모든 수업은 널 위한 거란다."

열세 번째 별 II

소녀를 살렸던 건 음악이었습니다

듣고 싶었던 음악은
마지막이라 간절하다 생각했지만
익숙하지 않았습니다.
누구와 듣던 음악이었을까?

노인이 보여줬던 오래된 사진 속엔
아주 작은 공주님이 꿈을 꿨습니다.

거인이 사라진 방에
잘 수 있는 곳을 주었던
조그마한 장식품이 말을 합니다.

"차원을 넘어 역행하지 않고 순환한다면
10번의 기회는 끝날 거예요."

10. WHEEL of FORTUNE (R) 순환 (UR) 역행

열네 번째 별 I
둘이 아니라 하나라는 걸 기억해

소녀는 괴물에게 수프를 만들어준 적이 있습니다.
괴물은 그 수프를 잊지 못했습니다.
소녀는 단지 괴물이 수프를 따뜻하게 먹어주길 바랬습니다.

괴물은 소녀가 준 수프를
소녀는 괴물의 미소를 샀습니다.

비가 축축하게 내리던 날
피아노는 젖어있었습니다.
마법사는 나타났습니다.

"싫어하지만 좋아한단 말을
이해하지 못한 건 아닐까요?"

매일 저울질만 하던 토끼에게 늑대는 말했습니다.

"난 단지 호리병으로 뚝 떨어진 소녀의 눈물을 먹은
괴물이 된 늑대일 뿐이야."

11. JUSTICE (R) 저울질

열네 번째 별 II

함께이기에 외로웠던 두 사람

호리병을 바꾸는 건
서로의 인생을 바꾸는 거였습니다.

그건 오래된 전통이었습니다.
피의 의미는 결심이었습니다.
달았던 수프는 온기였습니다.

"이유 없이 눈물이 나올 때가 있다."

소녀가 말했습니다.

"내가 당신이 될 테니 당신이 내가 되어주세요."

눈물이 한 방울씩 호리병으로 떨어졌고,
그 눈물은 단비가 되어
호리병에 든 사람들의 목을 축여줬습니다.

툭
툭

열다섯 번째 별 I
묘비 위에 새겨진 글을 자세히 보렴

괴물이 소녀에게 해주고 싶었던 말은
"두려워하지 마."였답니다.

미래를 알고 있던 소녀는 말했어요.
"그렇게 할 수 없어요."

소녀의 메아린 괴물에게 전해지지 않았습니다.

괴물은 소녀의 팔을 놓지 않았고,
소녀는 괴물을 사랑했습니다.

"소녀가 피를 흘리면서
그렇게 지키고 싶었던 건 무엇일까요?"

누군가의 소망이 간절한 바람이 되어
기억하기 싫은 게 없다고 한 생각까지
괴물에게 도달하게 되었답니다.

열다섯 번째 별 II

다른 차원에서 만났던 그 소녀

생각 공장에서
한 번 와봤던 곳 같은 그곳은
저울이 무기였던 자를 그리워해

좋아하는 자를 곡선이 있는 컵에 담았던 건
소녀를 기억하고 싶어해
둘은 교차했습니다.

토끼는 신사가 되었고,
넥타이는 그를 졸라맸습니다.

신사는 노인이 되었고,
노인은 말했습니다.
"네가 가진 젊음을 주렴."

말을 할 수 있길 바랬어요.
그래서 물었죠.
"레몬과 쓴 물의 조화는?"

멀리 떨어져 있어도
노인은 알고 있었답니다.

소녀가 처음으로 노인에게 말을 걸어준 그때
그 둘은 연결되어 있다고요.

소녀의 시간은 멈췄습니다.
마치 방 안에 시계가 멈췄듯이 말이죠.

* Bitter lemon : 둘이 즐겨 마셨던 음료수

열여섯 번째 별 I

토끼는 소녀와 뭘 공유하고 싶었던 걸까요?

소녀가 토끼를 숨겨줬듯이
토끼도 소녀를 숨겨주기로 했어요.
소녀는 밤이 무서웠답니다.

토끼의 눈은 슬퍼 보였고,
토끼가 소녀에게 준 초콜릿의 대가는
수정구슬을 깨준 늑대의 언어였으며

혼돈 속에 빠져 버렸던 건
기억하기 싫은 게 없다고 생각한
하루의 장난이었습니다.

뭐든지 잘할 거라 믿었던
7살짜리 아이의 웃음으로
보석을 박아놓은 보물함은
동쪽 끝자락에서 별이 거하는 집에 살고 싶었던
소녀의 시간이었고

소녀를 그리워했던 건지
크림을 듬뿍 얹은 눈사람을 그리워한 건지
눈사람을 만들 때

곁에 있던 강아지를 그리워한 건지

알 수가 없는
아무도 방해하지 않는 그 시간 속
영화는 이미 시작되었고

잠들어 있는 개는
고양이가 꿨던 꿈속에서 살았답니다.

열일곱 번째 별 I
꿈은 새로운 시작의 통로이다

보름달이 차면
늑대와 소녀는 멀리 떨어지게 됩니다.

소녀가 잠을 자는 이유는
꿈에서라도 당신을 만날 수 있을까 해서였답니다.

"소녀의 심장까지 건드리지 않아서 다행이야."

"꿈속에서도, 자기 전까지도 생각나는데…"

"나는 잠을 자요.
꿈에서 당신을 만날까 해서."

소년에겐 피가
괴물에겐 멍이
늑대에겐 통증으로 다가왔습니다.

열일곱 번째 별 II

"늑대와 괴물은 소녀를 위한 기사는 아니었을까?"

숲속의 소녀에게 해주고 싶었던 말은
"두려워하지 마."였답니다.

아픈 소녀를 지켜주기 위해
과학자는 마법사의 옷을
마법사는 과학자의 옷을 입었습니다.

"누군가는 잊기 위해 자고,
누군가는 만나기 위해 잔단다.
그리고 모두가 수정구슬을 갖고 있는 건 아니야."

소녀의 수정구슬에 금이 갈 때마다
마법사의 시력은 점점 줄어들었습니다.

"오래 걸릴 것 같구나."

마법사가 소녀를 놓지 못했던 이유는
가진 게 많으면 나눌 게 더 많으니까
더 힘들다는 비밀을 찾길 바래서였답니다.

"손이 시릴 정도로 궁금해."

그리고 웃어 보였던 것도
상담을 했던 것도 거짓말이었던
행복해 보이지 않은 거인은
상처를 받았다고 했습니다.

천사는 하얀색 옷을 입는 날이 오면
두 사람의 존재를 알게 될 거라 했습니다.

열여덟 번째 별 I
같이 있고 싶단 소녀의 외침

"호리병 속 사람들의 대가는
술이었다는 것을 괴물은 알고 있었을까요?"

괴물이 가지고 있던
유리구슬은 뭐였을까요?

소녀가 말했습니다.
"내 수정구슬은 내가 정해요."

괴물은 피아노를 치고,
소녀는 공놀이를 하고,
둘은 둘만의 수정구슬에 갇혔습니다.

양인지 염소인지 모를 괴물은
알 수 없는 표정을 지었죠.

소녀의 눈물은 검은색이었고,
둘은 똑같은 달을 보았고,

소녀의 검은 눈물은
검은 장미가 되어

후회하지 않게 고독한 길을 선택했습니다.

버려진 섬의 구름은 이뻤습니다.

열여덟 번째 별 II
다른 차원 속에서도 넌 내 손을 놓쳤어

하얀 모자를 쓴
소녀는 하얀 고양이가 되었고,
하얀 차에 치일 뻔했지만
피아노 소리와 소녀의 울부짖음이
하얀 고양이를 구했습니다.

소녀가 하얀 모자를 썼다는 건
눈물을 감추기 위해서였답니다.

괴물의 피아노 소리가
밤까지 울려 퍼졌습니다.
그곳에 시간 따윈 흘러가지 않았습니다.

소녀의 눈물만이
시계의 초침이 되어 흘러갈 뿐

미래를 알고 있는 소녀에게
마법사는 말했어요.
"두려워하지 마."

마법사는 소녀의 꿈에 왜 나타났을까요?

무언갈 감추고 있던 걸까요?

수정구슬 안에 있는 소녀가 말했습니다.
"오래된 나뭇잎을
치워주러 온 건 아닐까요?"

열아홉 번째 별 I
시계가 멈춘 방

소녀의 눈물은 피아노 위로 계속 떨어졌습니다.
눈물은 흘렀고, 호리병에 담겼습니다.

괴물의 호리병이 다 비워졌을 때,
"미래가 변하는 약을 주세요."

쓸쓸함이 독주가 되었고,
괴물의 피아노는 소녀를 향한 기도였고,
소녀의 글씨는 시간이 잘 가게 하는 약이었죠,

소녀의 눈물만이 시계의 초침이 되어 흘러갈 뿐
소녀의 수정구슬에 금이 갈 때마다
늑대의 시력은 점점 줄어들었습니다.

소녀는 그 순간 꽃이 되었고
토끼는 신사가 되었고
소녀의 상처로 거리는 멀어졌고
멍은 통로가 되었으며 통로는 여우의 소원이 되었고
컵에 빠진 물고기는 헤엄치게 되었습니다.

열아홉 번째 별 II

천사와 악마가 한때 한 몸이었다는 걸 믿어

"둘은 하나라는 걸
서로 바라볼 수가 없어서
지금은 둘이 된 거래.
사이가 멀어질수록 둘은 서로를 닮아갔대."

"그럼 어떻게 되는 거지?"

"둘이 된 그 두 사람은
평생 함께할 수 없는 벌을 받았는데
한 번 헤어짐은 끝이라는 걸 배운 셈이지."

스무 번째 별 I

빨강색 선

소녀는 말이 없었지만
빨간 모자는 빨간 코트가 되었고,
소년의 호리병엔 술이 얼마 남지 않게 되었습니다.

잘못된 길을 가는 자의 손은 빨갛기만 합니다.
유전자는 알고 있었을 겁니다.

시계 토끼의 시간은 너무 빨랐습니다.
미래를 알고 있는 소녀는 10년이라고 했습니다.
중간쯤 꽃은 숨어있었습니다.

스무 번째 별 II
소녀는 괴물이 했던 모든 말을 기억합니다

벽이 사라졌다는 걸 알면서도 소녀는
그 수정구슬이 너무 좋아서 좋아서
울었답니다.

슬픔이 담긴 독주는 따뜻했답니다.

소녀가 호리병을 건네주던 날
호리병이 깨지자 소녀는 눈물을 멈췄습니다.

소녀가 울 때마다 인어는 굳었고,
소녀의 눈물은 비가 되었습니다.

툭
툭

동굴에 갇혔습니다.
모든 건 마술이었습니다.

스물한 번째 별 I

별을 가득 담은 칵테일은

아름다운 걸 생각하는 아이와
죽어있는 걸 생각하는 아이는
살굿빛 하늘에서
노래하듯이 울려 퍼진
아이들 장난에 설탕 냄새를 풍겼었고

나이를 셀 수 없던 노인과
괴물이 되어버린
소녀의 이야기를 듣기 위해
파란 상자 속 파란 물에 갇혔던 거인은
더 이상 수정구슬을 원하지 않게 되자

거인이 말했습니다.
"파란 열매를 갖다 주렴."

그러자 파란 장미는
이내 붉게 변했고

"당신의 수정구슬은 뭐예요?"라고 말했던 아이는
알고 있었죠.

아름다운 추억이 있는 곳
차마 말을 꺼내지 못하는 계단이 있는 곳
립스틱과 눈동자가 살아있던 곳

그리고 아이의 메아린
거인에게 전해지지 않았답니다.

스물한 번째 별 Ⅱ
괴물은 소녀에게 반지를 끼워주었습니다

"너는 선택받았다."

괴물은 소녀에게 꿀이 담긴 빵과
사탕이 담긴 호리병
그리고 단호박을 얹은 생크림까지 줬습니다.

소녀는 괴물의 정원으로
들어가고 싶었습니다.
소녀는 괴물을 닮아갔습니다.

누군가를 향한 염려가
불안이 되어
글자의 혼돈에 빠지고 말았답니다.

소녀는 노인이었고,
노인은 괴물이었고,
"예쁘다."란 말이
소녀를 설레게 했습니다.

별은 눈물이 되었고,
피아노 위로 떨어졌습니다.

사랑은 이미 시작되었습니다.

소녀가 호리병을 건네주던 날
멈춰있는 시간 속 대화는
존재하지 않았습니다.

스물두 번째 별 I

언젠가 봤던 그곳은

분홍색 네모난 상자에 눈물을 삼켰을 때
달콤했던 사탕수수도
두 번째 봄도
천 년 전 말도 안 된다 했던 사실도
모두가 급하게 사실이 되고 말았습니다.

귀가 들리지 않는 여자와
눈이 보이지 않는 남자에게
한 아이가 왔습니다.

"믿겨지지가 않아요."

반지를 껴달라 했던 고백도
보라색 꽃을 갖고 싶었던 고양이도
싱그러운 나뭇잎을 얻기 위해
사과를 잡기 위한 손은 보물함을 끌어안았습니다.

스물두 번째 별 II
소녀에게 필요했던 건 다음날이면 채워졌습니다

재즈가 좋다 했던 고양이의 고백과
생일 준비를 했던 호랑이도
결국은 다 사냥감이었죠.

영원한 사랑은 감옥으로 가는 열쇠가 되어서
잔잔한 호수를 떠올려보란
마법사의 말을 잊은 공주는 비밀을 감춘 채

한쪽 귀를 다친 토끼만 음악과 문장의 경계선에서
열 시간을 가냘프게 울고만 있었습니다.

동쪽에서 본 남자의 모습을 한 변호사는
새벽이슬이 필요하다 했고,
끔찍했지만 원하지 않았던 친절 또한 학습이 되어
수레바퀴 속에서 점을 쳤던 소녀는 말을 하지 못했습니다.

16. THE TOWER (UR) 감옥
1. THE MAGICIAN (R) 마법사

스물세 번째 별 I

둘이 아니라 하나라는 걸 기억해

소녀는 괴물에게 수프를 만들어준 적이 있습니다.
괴물은 그 수프를 잊지 못했습니다.

비가 축축하게 내리던 날
그래요, 피아노는 젖어있었습니다.

소녀의 노랫소리는 누군가의 눈물이었고,
누군가의 장난은 소녀에겐 도움을 주었으며

혼자 감당하고 싶었던 노인은 조그마한 부탁이 거절되자
하루의 끝이라 써 있던 호리병만
한 달이 되고, 1년이 되고, 10년이 될 때까지
크기가 똑같은 호리병만
햇빛이 보고 싶다 했던 소녀에게
하루를 주었습니다.

스물세 번째 별 II

난 누구도 의지하지 않아

별가루를 늘 갖고 다녔던
검정색 코트를 입었던 사람은
누군가와 함께하길 기도했을까요?
아님 의도치 않게 갑자기 그 소녀를 만났던 걸까요?

"신분의 변화가 일어날 것이다."

열차를 탔던 소녀는 자신감에 차 보였습니다.
오늘의 하루는 어제의 추억으로 남았고
추억이 담긴 보물함은 소녀의 꿈을
공간이 느끼는 아픔을
달과 별이 있는 나라로 가고 싶다 말했었던 소년을

터널 속에서 기묘한 웃음으로
나에게 오겠다고 말했다며
테이프를 남겨주었습니다.

스물네 번째 별 I
반지를 끼지 말아주세요

"지키지 못했잖아요."
눈물이 섞인 듯한 그는 말했습니다.

좋은 것들로 채우기 위해
소녀는 그가 쉴 수 있는 약으로
새 신을 만들어주었습니다.

"자기 전에 생각나는 사람이 있다면 그건 사랑이야."

"웃기죠?"

"지금이 아니라 그때였어야 했고,
그때가 아니라 지금이었어야 했는데
비가 계속 내린 집은 물로 가득 채워지면
그곳은 바다가 되겠죠."

"보이지 않는 노력은 무엇일까요?"

그저 '안녕'이라 인사했던 한마디였을 겁니다.

스물네 번째 별 II
이루어질 수 없어서 더 이쁜 사랑 이야기

구름이 남긴 자리 또한 달콤했습니다.

괴물은 소녀가 준 수프를
소녀는 괴물의 미소를 샀습니다.

호리병 바닥엔
늑대가 소녀에게 불러주고 싶은 이름이 있었습니다.

기사는 말했습니다.
"다시는 호리병을 뺏기지 마세요."

소녀는 소년이 되었고
파란색 벨벳 위에 감춰진
그곳은 마치 무지개로 가득 찬 방이었습니다.

스물다섯 번째 별 I

"삐에로가 무섭다."라는 말은
싫었던 추억이라고 했습니다
"한 명이 더 있었다."는
좋았던 추억이라고 했습니다

모자를 쓰지 않는 날을 함께하고 싶었던 기억이
멈추지 않는다며 컵을 든 왕이 말했습니다.
"초록색 숲을 가져오세요."

"날도 추운데…"
이상한 부호가 많은 그곳의 메아리였습니다.

피아노가 들렸던 순간 생각이 멈추기 시작했습니다.
중립을 지키기 위해 독립을 선택했던 재판의 판결은
망치를 든 여자의 사진을 가져오라며
걱정도 벌이라는 말을 남기고 구슬을 주었습니다.

"구슬 같은 건 뭐예요?"
"천벌이요."
"다신 사랑에 빠지기 힘들겠군."

7. THE CHARIOT (R) 중립 (UR) 독립

스물다섯 번째 별 II
재빨리 장미꽃을 가져오세요

햇살은 뜨거웠고,
괴물은 호리병 속 사람들을 마셨습니다.

새가 지저귀었습니다.
오래전에 본 그림엔 어떤 여자가 있었고,
바람이 휙 불자 소녀는 토끼와 친구들을 지키기 위해
호리병을 바꿨습니다.

소녀는 호리병의 대가를 몰랐습니다.

토끼의 귀는 말했습니다.
"여우가 사는 집에 할 일을 남겨주자."

괴물의 입술이 말했습니다.
"당신 덕에 하루가 즐거워졌어."

스물여섯 번째 별 I

수정구슬이 더 이뻐

사랑을 할 수 없는 아이는 수정구슬 속에 갇혔습니다.
아이를 옆에 둔 괴물은 슬프게 웃었습니다.

"나만큼 비밀을 알고 있는 자는 없어."

좋은 일이겠죠.

수녀는 말했어요.
"참 착하구나."

아픈 아이의 수정구슬을 깨준 건 성직자였습니다.

"더 이상 고통받지 말라는 신의 가호가 아니었을까요?"

소녀는 자기와 닮은 아이를 보는 게 괴로웠습니다.

스물여섯 번째 별 Ⅱ
호리병을 바꾸는 계약의 대가는
사랑에 빠지는 거였습니다

거인은 질문을 던졌고, 소녀는 질문을 삼켰습니다.
소녀는 저울 위로 올라갔고, 희생의 대가는 컸습니다.

"당신을 만나기 위해 나는 먼 길을 왔습니다."

소녀와 거인은 활짝 핀 꽃을 보기 위해
뛰었습니다.

거인은 지켜야 할 수정구슬이 있었고,
소녀의 주위엔 소녀가 든 장미꽃을 탐내
소녀를 묶어두기 위해 온갖 보물로 소녀를 묶어놨습니다.
하지만 다가갈수록 둘의 상황은 뒤바뀌고 맙니다.

"수정구슬 안에 얼음을 가득 채워주세요."

물로 가득 채워지면 그곳이 바다가 되고,
누군가에겐 그 물이 도움의 손길이 되어
슬픔을 모면할 수 있을 테니까.

"누구의 목소리였을까요?"

스물일곱 번째 별 I

결국 원하는 건 같아요

수정구슬 안에 있던 여자를 깨는 한마디였습니다.

"늘 시간이 어긋나버렸어."

"내 점성술이 담긴 수첩과 수정구슬은 어디에?"

망치를 쿵 하자
그럴수록 남자의 시간은 빨랐으며,
여자의 시간은 남자를 따라가기엔 느렸습니다.

여자의 팔이 나뭇가지에 갇혀 묶였습니다.
여자의 발이 보물로 감겼습니다.

손이 다치지 않길 바랬어요.
그래서 물었죠.

"혹시 장갑이 있나요?"

스물일곱 번째 별 II
아픈 길을 택하지 못해 아픈 소녀

소녀가 달콤했던 하얀색 빵과 교환한 건
바다로 보내달란 쓸쓸한 부탁이었어요.

시나몬을 3개 얹은 갈색 물을 마신 건
나이를 알 수 없는 호리병 속 사람들뿐 아니라
거인도 마찬가지였습니다.

아무도 모르게 다녀왔던 그곳은 밝았지만, 어두웠고
공주님이 말했습니다.
"나에게 한 명은 불안을, 둘은 안정을."

불이 켜져 있는 그 사무실이 너무 좋았어요.

"이상하죠?"

"이상하죠. 올까요 그 아이?
빼빼로 사들고 오면 좋겠네."

"미리 얘기하고 오라고 해요, 내가 잘해준다고."

스물여덟 번째 별 I

우연이 거듭되면 필연,
그게 아니었어도 만났을 거야

의문은 남았습니다.
선택은 지워졌습니다.

모두가 현실로 돌아와
같은 세상을 함께했지만,
슬프게 웃는 그 사람만
소녀의 기억 속에 남았습니다.

네모난 상자 속에 있던 노부부는
행복해 보였지만
그곳은 알 수 없는 섬이었고

이제 거인이 되어버린 노인이
한쪽 눈알이 담긴
눈물의 독배를 마셨으며

다리를 다친 여자는
그저 누군가의 손님으로 왔단 말만 남긴 채
노인이 보여줬던 사진과
더 있어 달란 그의 부탁에

그저 눈물만 흘렸습니다.

오래된 전통의 규율을 깨고 싶었던 여잔
이제 나비가 되어
기억이 가물가물하다고 합니다.

"거인의 눈물을 마셨던 게 아니었을까요?"

스물여덟 번째 별 II

라디오가 흐르던 집에서 소녀는
딸기를 많이 가져다주겠다던 아이의 기억과
토끼의 또각거리는 구두소리를 기다렸습니다

펜던트와 목걸이의 분리는
방아쇠가 되었고,
그 방아쇠는 여우의 소원이 되었습니다.

여우의 소원은 토끼의 소원이 되었고,
팥을 건넸던 공주도
호수에 빠진 빨간 집도
모두가 말했어요.

"망각은 누군가에겐 상처를
어느 노인의 부탁은 거절이
한 아이의 기억은 용의 잠을 깨웠다."

수면 위에 담긴 달을 본 노인은
들고 있던 지팡이를 휙 올렸습니다.

별을 껴안은 달을 보는 토끼는
알고 있었답니다.

멀리 떨어져 있어도
소녀가 처음으로 토끼에게 말을 걸어준 그때
거인의 말을 듣지 않았던 토끼는 사연이 되었고,
사연이 된 토끼는 괴물이 되어 말했어요.

"이유는 없어.
그리고 이유는 중요하지 않아."

스물아홉 번째 별 I
그 시간은 내가 너에게 준 거야

노인을 통해 소녀는 어린 시절을 보았고
인형을 든 소녀는 말이 없었지만
소녀는 답을 알고 있었습니다.

"관리자가 필요했다는걸."

자유가 주는 선물의 고통은 컸습니다.
잊기 위한 약을 건네준 거인이 말했습니다.

"내가 내 자신에게 졌어."

소녀가 다칠 때면 수정구슬에 갇히곤 했습니다.

누군가에게 장난은 소녀에게 도움을 주었고,
틀린 게 아니라 서툰 거라던 소녀는 말했습니다.

"내 수정구슬은 내가 정해."

스물아홉 번째 별 II

달은 반짝이는 별을 감추지 못했습니다

흑과 백은 절대로 떨어질 수 없습니다.
기억을 하는 것과 하지 못하는 건 명백히 나뉘어졌습니다.

거인은 말했어요
"버려진 거 아니야."

소녀는 대답했습니다.
"꿈속에서 봐요."

'닮은 두 사람.'

거인의 말을 듣지 않았던 소녀는
화살을 지키기 위해 꽃을 건네받았고,
꽃을 건네받자 열쇠를 잃어버렸습니다.

기다림이란 고백은
라즈베리 고양이가 꿨던 꿈속에서
잊기 위한 몸부림이었습니다.

서른 번째 별 I

오늘의 하루는 어제의 추억으로 남았고
고양이가 했던 말은 화살이 되었습니다

구름에 그리워진 달은
다른 나라에서 왔던 걸까요?

신 냄새가 났습니다.
음식 냄새가 좋다 했던 괴물이 말했어요.

"저기 어딘가에
네가 살 집을 찾았어."

호리병은 또 호리병을 넘겨주고
넘겨받았습니다.

소녀의 노랫소리는 비가 되었고,
보물상자 안에 호리병을 숨겨둔 거인은
돌을 달라 했던 고양이가 했던 말이 끝나기도 전에
공간을 안아주었습니다.

비가 되어버린 소녀는
수정구슬 안에 갇혀있었고,
괴물은 눈물을 삼켰고,

소녀는 그 슬픔을 느꼈습니다.

"다칠까봐 그래요."

눈물을 닦아주고 싶게 만든 소녀는
모습을 감춘 채
별 모양의 과자를 좋아했다던
악마의 말을 기억하려 애썼습니다.

서른 번째 별 Ⅱ
인어의 눈물보다 값진 건 없었습니다

죽기 전에 뭐가 그리 기뻤을까요?
아님 괴로웠던 걸까요?

웃음소리는 소용돌이가 되어
벽을 흔들었습니다.

"아직 애야."
소녀가 말했습니다.

처음 보는 모습이었죠.

"자기가 죽어있던 걸까요?
아님 다른 가족들이 죽어있는 자들이었을까요?
식사를 함께했던 다섯 가족들 중 죽어있던 잔 누구였을까요?
모두가 귀신은 아니었겠죠."

기다림이란 고백은
라디오가 흐르던 집에서 누룽지 빵을,
아니 욕심을 빌렸던 거였습니다.

욕심은 목을 조여왔고,

목을 조여왔던 건 토끼에게 목도리로,
이뻐지란 주문과 함께 다치지 말란 바람은
나뭇잎 위에 앉아 수정구슬 속에 갇혔습니다.

그곳은 섬이었습니다.
건축물이었습니다.
소녀의 상상력이었습니다.

18. THE MOON (R) 상상력

30번째 별을 마치고…

"사랑은 정상적인 감정반응이지 공인된 정신병이 아니에요.
플라톤은 사랑하는 여자가 있었는데 살고 있는 지역이 달라
편지만 주고받을 수밖에 없었다고 합니다.
육체적인 관계를 할 수 없는 상황이어서
플라토닉 러브라고 하는데
지역이 멀다거나, 집안이 반대하거나, 신분의 격차가 있어서
어쩔 수 없이 정신적인 사랑만 할 수밖에 없는 걸
플라토닉 러브라 한 건 아닐까요?
그게 당신과 내 이야긴 아닐까요?"

토끼 가면을 쓴 신사가 말했습니다.

이쁜 여자아이가 있었어요.
네다섯 명 남자아이들한테 왕따를 당했대요.
어떤 남자아이가 그 여자아이한테 친하게 다가갔고,
그 아이들이 다신 괴롭히지 못하게 막아주었는데
알고 보니까 그 여자아이가 너무 이뻐서
갖고 싶은 남자아인 자기 친구들을 시켜
그 여자아이를 괴롭히라고 시켰던 거였어요.

제2부. 달 이야기

첫 번째 달 I
시계는 멈췄습니다

깨진 유리구슬을 꿰맸던 건 아니었지만 견뎌냈고,
비밀을 알고 있는 여자는 키가 작았지만 '힘내'란 한마디를 했죠.

"너에게 수정구슬이 그렇게 소중하다면
내가 찾아줄게."

늑대 가면을 쓴 개가 울었던 이유는
기다림이란 고백을 하기 힘들어서였고,
음악을 듣기 위해 자신만의 동굴로 들어갔습니다.

꿀벌처럼 일했던 토끼는 다리가 부서지는 줄도 모르고
눈에서 눈물이 나오는지도 모른 채
슬퍼도 "나는 기분이 좋아지는 향기를 뿜내.
다른 이들을 위로해주는 일을 하는 거뿐."이라며
사탕을 녹이며 말합니다.

"누가 만든 벽이었을까요?"

그저 사랑하는 누군가를 위해
간식을 만드는 미소는 아니었을까.

첫 번째 달 II
숲의 정령은 기억하지 못하는 자

하얀 고양이는 걱정을 하는 자
거인의 눈물을 마셨던 건 비밀을 감추려는 자

모두 각자의 자리에서
자기만의 세상을 감춘 채
그들은 거인에게 번호를 매겼습니다.

거꾸로 된 사진은
미래를 향한 편지를 주었고,
토끼의 주방엔 찻잔에 빠진 별조각이
여자의 손에 다다르게 되었으며

거인의 말을 듣지 않았던 토끼는 착각을,
구름에 그리워진 달은
반짝이는 카메라를 부러워했고,
테이프 속 흐르는 음악도,
꽃들과 함께 췄던 왈츠도,
누군가 나에게 주었던 호두 한 알도,
잘 지낼 거라던 고양이의 믿음도
고이 기억 속에 남았습니다.

괴물의 미소는 슬퍼 보였지만 달콤했고,
여자의 웃음은 달을 밝게 비출 수 있었으며,
거인이 가지고 있던 호리병은
가까워질수록 커지기만 했습니다.

두 번째 달 I

빨간 주머니 속 비밀은 무엇이었을까요?

"알고 싶었어요.
내가 피를 흘리며 그렇게 지키고 싶었던 게 뭐였는지."

늑대의 말은 소녀에게 멍이 되었고,
수정구슬은 금이 갔습니다.

늑대는 소년이었고, 소년은 여자였고,
수줍음이 많았습니다.

바람은 소녀의 눈물이 되어주었고,
그 눈물은 꽃이 되어 미소로 변했습니다.

"별자리를 만들어주고 싶어.
당신의 미소만 있다면 별도 따다 줄 수 있을 텐데…"

괴물이 잃어버렸던 건 토끼의 시간이었습니다.
두 시… 세 시… 네 시.

달빛이 흐르는 새벽입니다.

두 번째 달 Ⅱ

시간을 멈춘 소녀

"난 단지 살려주라는 말을 듣고 온 거야."

한낮의 하늘엔 하얀 구름이 많았습니다.

늑대는 말했습니다.
"당신의 팔을 물어서 미안해요."

피로 뭉쳐져 멍이 든 팔을 본 괴물은 말했습니다.
"나도 실은 당신과 같은 상처가 있어요."

나와 함께 가자던 괴물의 손을
소녀는 곱게 거절했습니다.

"늑대와 공놀이를 했어요."

괴물은 말했습니다.
"근데 왜 공놀이를 하는데 슬퍼 보였던 거죠?"

세 번째 달 I

흔들리지 않았으면 했단다

"시계가 필요 없다고 했잖아.
근데 왜 시계를 봐?"

한 시간, 30분, 5분, 1분.

"네 주위에 있는 사람들이
너에게 제대로 못하고 있다는 걸 알아.
최대한 물들지 않길 노력하는 수밖에."

"솔직해지지 마.
넌 껍데기만 그 안에 있잖아?
진짜 모습은 이미 다 사라졌지."

"바다로 보내주세요."

"이 문장은 마지막일까요?"

나에게 말하는 것 같았다.
거인이 말했습니다.

세 번째 달 II

괴물과 살고 싶었던 소녀는
하얀 구름이 두둥실 뜬 하늘을 보더니
똑똑 초인종을 누르고 심심하다 했습니다

자신을 해치려는 늑대를 지키려 했던 소녀와

그 소녀를 살리려고 벼랑까지 몰고 가려 했던 늑대

그리고 소녀를 지켜주고 싶었던 괴물

이 셋 중에 누가 더 무서운 걸까요?

잠시 머물던 나비는 말했습니다.

"정말 무서운 건요, 사랑이 없는 거예요."

기묘한 이야기였습니다.

네 번째 달 I

누군가의 짝사랑일까... 피아노 위의 음표만이

누굴 위한 선물인지도 모른 채
갈피를 잡지 못했습니다.

스승은 말했습니다.
"어디로 가는지는 알아야죠."

제자는 말했습니다.
"별이 거하지 않는 집이 있을까요?"
"용이 살던 집에 별을 담으려면 주문을 해야죠."

듣고 있던 악어는 눈물을 흘렸습니다.

네 번째 달 II

괴물이 잃어버렸던 건 뭐였을까요?

괴물은 소녀에게 집을 보여줬고,
괴물의 창문엔 햇살이 비쳤습니다.
마녀는 호리병을 던졌습니다.

호리병을 든 마녀는 말했어요.
"수정구슬과 소녀는 함께야.
그래서 우린 갇힌 거야.
그러니 이 성에 그물망을 던져줘."

괴물이 놓친 건
소녀의 부러워한 한숨이었습니다.

다섯 번째 달 I

살려달란 외침은
소녀의 가치를 정하고 싶어 했습니다

누군가의 울부짖음을 무시할 수 없었던 괴물은
저울을 가지고
그렇게
그렇게
아무리 사람들의 슬픈 사연을 들어도
괴물의 병은 고쳐지질 않았습니다.

딸이랑 결혼을 어떻게 하냐고 말했던
소녀는 노인이었고, 노인은 괴물이었으며,
괴물이 품은 별은 눈물이 되어
피아노 위로 떨어졌습니다.

빨간 리본을 달았던
과자를 만들던 여자가 있었습니다.

'빵 두 쪽, 나눠 먹을 것.'

쪽지엔 적혀있었습니다.

다섯 번째 달 Ⅱ

겨울이 가기 전에
한 번 더 보고 싶은 아이가 있습니다

물에 빠진 고기를 두려워했던 건
슬픈 눈동자를 가진 통통했던 여자였고,
우울증에 걸린 눈을 가진 여자의 친구였으며,
미숫가루와 보석은 비쌌습니다.

거슬리게도…
과거에 썼던 미래를 향한 편지는 현실이 되었으며,
소년과 소녀의 인생은 뒤바뀌었습니다.

그건 소녀의 귀에서부터 시작됐습니다.
한 소녀의 울부짖음으로부터 시작되었습니다.
한 소년의 거짓말로부터 시작되었습니다.

"건드리지 말아야 할 아이를 건드린 건 아닐까요?"

여섯 번째 달 I

커다란 거인이 커다란 피아노를 칠 때면
거인이 쓰고 있던 가면은 바뀌었습니다

음악을 듣기 싫어했던 건
달이 아니라
별을 그리워한 이

별을 그리워한 이는
언젠가 달을 끌어안겠죠.

언젠가 달을 보며
별을 끌어안았던 그 순간을
기억한다면 말이에요…

어딘가에도 속하지 못하고
속하기 싫어했던 하얀 모잘
누군가 끌어안아 준다면
멀리 있는 친구의 속삭임도
계절의 반인 겨울 동안만이라도

표정이 풍부했던 아이를 사랑한
하얀 모자의 집에 책갈피를 꽂아주기 위해
곡예사의 불안은 그곳에서 칭찬을 해주기 위해

봄이 좋다 했던 꼬마가
겨울이 좋다 했던 새를 안아주기 위해

나이든 혹은 젊은
여자든 남자든
어떤 호칭으로든
당신께 다가올 겁니다.

여섯 번째 달 II

넌 자유란다

첫 번째 일탈이었습니다.
늑대와 공놀이를 그만두겠다고 한 것도
괴물에게 이름을 만들어준 것도 그때였어요.

천사는 종을 울리며 말했습니다.
"나의 멜로디… 안심하세요."

"매일 점을 치는 그 아이에게 꽃 한 다발,
아니 꽃을 한 송이라도 가져다주는 왕자가 있다면
공을 돌려주지 않았던 대가를 지지 않아도 된답니다."

멀리 있는 친구의 속삭임도
계절의 반은 겨울 동안만이라도 좋으니까
강에 빠지지 말고, 돌을 던져 길을 물어보세요.
그럼 물고기가 대답해줄 겁니다.

21. THE WORLD (UR) 일탈

일곱 번째 달 I

"싫어요."라고 말했던 소녀를 기억하고 싶었으니까

무척 뜨거운 햇살이 비추는 날
언젠가 봤던 카페에서
살려달란 말을 한 적이 있죠.

무서웠습니다.

언젠가 봤던 "아니요."라고 말했던 '너'에게
당장이라도 네가 달려올 수 있다면
오렌지빛 하늘을 너에게 주겠다던
'아이의 목소리에게'
호수에서 웃었던 잘생긴 백조의 웃음소리도
대신 말을 합니다.

누군가의 욕심인지도 모른 채
현재의 나는 5년 전의 나와
연결되어 있다는 '위로'와 함께…

호수에 빠진 공주의 눈은
고지식한 스스로에게
탈권위라는 일탈을 주문했고,

부채를 든 순간을 남기고 싶어
뒤집힌 옷에 이름을 붙였습니다.

'혼돈'

5. THE HIEROPHANT (R) 고지식 (UR) 탈권위
21. THE WORLD (UR) 일탈

일곱 번째 달 II
'과연'이란 말이 그녀를 흔들리게 했습니다

마녀든 괴물이든
사람에 대한 작은 관심으로부터
시작되는 건 아닐까…

들키길 바랬던 건
마녀의 정의였고,
들키길 원하지 않았던 건
비겁한 소년의 꿈이었으며,
소년은 꿈속에서 대가를 치렀습니다.

소년이 자주 가던 장소에서
많은 소녀에게 구타를 당했던 거죠.
400번이 넘는 구타를 당하고 나서야
본인의 크기가 얼마나 작은지 깨달은 소년은
건물의 무게에 압도당했습니다.

회색으로 가득 찬 그곳에
붉은 달과 함께
회색 잠바를 입은 여자의
밝은 미소를 담아오라는 괴물의 주문만이
목표도 없는 엽서를 든 채로 노래를 추천해줬습니다.

그때였어요.

작은 새는 말했어요.

"아무도 모르게…"

여덟 번째 달 I
달의 노래는 별에게 전해지지 않았습니다

멀리 있는 친구의 속삭임도
계절의 반은 겨울 동안만이라도
표정이 풍부했던 아이를 사랑한
하얀 모자의 집에 책갈피를 꽂아주기 위해
봄이 좋다 했던 꼬마가 겨울이 좋다 했던
새를 안아주고 싶어 해
죽기 전 마지막까지 지키지 못했던 여우는
수정구슬을 토해냈습니다.

"애매하게 운이 좋아 살았구나.
더 불행해졌네, 어디 하나 망가졌으니까
그냥 한 번에 죽어버리지."

곡예사의 불안은 칭찬을 듣기 위해
구름 속에서 빠져나온 손으로
삐에로의 슬픈 눈물이 두려워
밝게 빛나던 별로 늪에 빠진 소녀를 구해주었습니다.

여덟 번째 달 Ⅱ

목소리를 조심해라

고양이 몰래 둘만의 사랑을 나누기엔 서로의 감정전이도
이젠 알 수 없는 사이가 돼버린 그 둘은
잠시 멀리 떨어져 있기로 했습니다.

"용이 사는 집엔 곰이 있었단다.
곰이 준 과자는 달콤했단다.
그렇지만 곰의 눈은 악어의 눈과 같았지."

귀여운 아이의 장난도
닮았다고 말한 형체가 모호했던 신 같은 존재도
잃어버린 열쇠를 찾아달라며 별을 찾던 꽃을
알 수 있냐 물었습니다.

아홉 번째 달 I

그래요, 당신 말이 맞아요

"이제 그만 그를 놔줘요…"

시간을 살 수 있다면 영혼을 팔겠다던 아이도
떠나기 전엔 인사를 해야 한단 걸 알려준 아이도

어느덧 사라진 거인은
죽기 전 자기가 살리고자 했던
그리고, 살리지 못했던 아이의 인생을 걱정했었습니다.

"좀 더 일찍 만났더라면…"
새가 대답했습니다.

고양이가 꿨던 꿈속에서 잠들어 있던 개도
붉은 석류를 든 붉은 용도
정원에 꽃이 피든 꽃이 피지 않든
위로가 되지 않는다며
약해지지 않길 바랄 뿐.
한 가지 이야기를 들려주었습니다.

"이쁜 여자아이가 있었어요.
네다섯 명 남자아이들한테 왕따를 당했대요.

어떤 남자아이가 그 여자아이한테 친하게 다가갔고,
그 아이들이 다신 괴롭히지 못하게 막아주었는데
알고 보니까 그 여자아이가 너무 이뻐서
갖고 싶은 남자아인 자기 친구들을 시켜
그 여자아이를 괴롭히라고 시켰던 거였어요."

아홉 번째 달 Ⅱ
맛있었어요

피가 먹고 싶다던 늑대의 말에
마차를 준비해달라던
수달의 손짓을 잊어달라며
아가씨는 '힘들다'란 말을
억제하지 못하고 충동적으로
"피아노를 쳐주세요."라고 말했습니다.

아가씨와 함께하고 싶었던 건
수달과 기분이 좋아지는 약을 위해
재판을 했던 여왕과 또는 고양이
"설탕에 졸인 체리가 냉장고에 잠자고 있었어요."란 말을
동시에 했고,
잼은 늘 채워져 있으니
신경 쓰지 말란 말까지 했답니다.

식은 음식을 먹기 싫어했던 늑대는
알고 있었던 건지
몰랐던 건지
혈액형이 틀렸다 했고

권위를 지키고 싶어 했던

의자에 앉은 왕은

레몬과 함께

쓰디쓴 물을 컵에 담았습니다.

마지막일지도 모르는데도 말이죠.

4. THE EMPEROR (R) 권위

열 번째 달 I

너를 알게 된 건 행운이었어

자루 안에 있던 초콜릿을 챙겨주며 말했습니다.

"우유도 가져가요.
그리고 검은 문이 있는데
그 검은 문을 열고 들어가면
검고 커다란 피아노가 한 대 있을 거예요.
그 피아노에 앉았던 건 괴물이었는데
아름다운 피아노를 친 괴물은 쓸쓸해 보였죠.
이제 그 괴물의 피아노 위에 꽃을 한 송이 놓을 거예요.
어떤 색이 좋을까요?"

하얀 고양이는 말했습니다.
"커다랗게 뜬 눈을 가진 여자의 오후가 담긴 시간과,
곡선이 있는 진실의 열차를 함께 탈 수 있는
왕자님과 같은 곳을 바라보면 보이게 되는 색이요."

열 번째 달 II

환생이없으니까

"삐에로가 무섭다."라는 말은 싫었던 추억이라고 했습니다.
"한 명이 더 있었다."는 좋았던 추억이라고 했습니다.

다양한 사람의 다양한 옷을 입었던 건
누구의 잘못인지도 모른 채 눈이 파란 여자의
결혼식을 가지 못했다는 말이
"홍차 대신 깨끗하고 시원한 물을 마시고 싶어."라는
말로 변했습니다.

기억을 하지 못했던 바닷가에서의 추억은
모래로 덮어주어 기분이 좋았을 테고,
언젠가 내 손을 잡아주었던
미용사의 부탁은 끝을 알 수가 없어서

순간을 남기고 싶으니
편지를 전해줬으면 했다는 말에
이번엔 12시니 가라고 말했던 건 아니었지만
영화 한 편을 보자던 말이 순서를 정해달라 했습니다.

말이라는 게 그래요.
판결이란 게 그렇고.

"이런 나와 인생을 바꾸고 싶다고요?"

* 판결 : 법원이 변론을 거쳐 소송사건에 대하여 판단하고 결정하는 재판. 민사소송에서는 법정의 형식에 의한 원본을 작성하고 당사자에게 선고하며, 형사 소송에서는 법원이 구두 변론에 기초를 두고 피고인에게 유죄, 무죄, 면소 따위를 선고한다.

열한 번째 달 I
소녀는 더 이상 수정구슬을 원하지 않았습니다

"의미 없는 시간이 흘러가는구나."
달이 말했습니다.

"의미 없는 시간이라는 게 존재할까요?"
그곳을 지나가는 게가 말했습니다.

온갖 유혹 속
별이 울면 달은 작아지고
늑대는 웃습니다.

사탕을 집었던 소녀는
그저 사탕이 이뻐서 집었다고 했습니다.

색깔이 다르고 모양이 같은
과자를 선물 받았을 때도
자기의 눈을 봐달란 천사의 유혹도
저울을 가지고 있는 건
내가 갖고 있는 벌이라 말한 변호사도
보이지 않는 자의 한마디 음성도
똑같은 말을 하였습니다.

틀린 게 아니라 서툴다 말했던…
공주의 머리를 식히기 위해

15. THE DEVIL (R) 유혹

열한 번째 달 II

커튼을 치워주세요

지붕 위엔 3마리 고양이만이
가볍게 내려앉은 안개부터
파란색 집은 소녀를 늘 긴장시켰습니다.

모든 건 장치였고, 추억 속에서
호리병을 바꾸자란 말이 현실이 됐듯 '위로'란 한마디와
헤엄치는 물고기 한 마리를 보는 게 다였던
소녀에게 아무도 인사를 건네주지 않았고
두 건물 사이에서 망설이는 사이 공상은 현실이 됐고

누군가의 작은 바람은 나비의 날갯짓이 되듯
잠겨있는 문을 열어줄 수 있었던 건
침묵을 일관했던 부활을 무서워하는 자였습니다.

18. THE MOON (R) 공상 (UR) 현실
20. JUDGEMENT (UR) 부활 (R) 침묵

열두 번째 달 I
어렸기 때문에 비밀을 알지 못했던 거죠

시간을 재촉하는 토끼를 단지 옆에 두고 싶었기에
소녀가 마법사에게 물었습니다.

"색깔을 집어 무지개를 가져올 수 없을까?"

나에게 오겠다던 거인의 손짓이 말했습니다.

"보였어요, 희생이."

누군가의 욕심인지도 모른 채

"거기, 어떤 세상을 보았을까요?"

열두 번째 달 Ⅱ
나와 닮은 그 여잔 행복했을까?

가로등을 혹은 신호등을, 누군가의 말을
무언갈 추억하고 싶어서가 아닐까?

빨간색 선을 타고 흐르는 붉은 달은
언젠가 봤던 그 추운 겨울날 붉은 사과를 버리며
자기 말을 듣지 않은 이유를 물었습니다.

쉴 수 있는 약을 버린 채 말이죠.

시계를 닮은 작은 막대과자 하나만이
카메라 뒤에 숨었던 작은 쥐만이
소녀가 꿈속에서 봤던 펜던트 3개만이
말을 선물했던 남잔 깨어있지 않은 아이를 보는 게
믿을 수 없는 진실이라 했고,
빨간 옷이 어울린단 말만 남긴 채
머나먼 왕국에 아름다운 공주는
숲에 사는 공주였다며 차갑게 말했습니다.

쉽게 끊어지지 않는 인연이라는 게 있다며 말이죠.

열세 번째 달 I

바라보지 않는 자를 바라보는 자

푸른 땅의 밤하늘은
"너를 위한 이불이었다."는 고백이 이루어졌습니다.

눈썹이 이쁜 소녀가
보이지 않는 미래를 무서워했기에
잠겨있는 문을 열어줄 수 있었던 건 끔찍하게도

남자의 외침도
소녀의 한숨도
지켜보던 새도 아니었고

잊을 수가 없어서
잊을 수 있는 호리병과
그 호리병에 든
술 한 방울이

깨어있지 않은 아이를 보는 게
믿을 수 없는 진실이라고

가면을 쓴 신사와
벨벳을 좋아했던 소녀는

자기를 기억해달라며
돌멩이 3개를 주었습니다.

그리고 그 둘은 연인이 되었습니다.

6. THE LOVERS 연인

열세 번째 달 II
사진을 찍히는 게 싫었던 아이는
별을 찾던 꽃을 알 수 있을까요

알아들을 수 없는 몇 마디
과거에 쓴 편지가 미래에 닿았을 때
별이 묶이지 않길 바랄 뿐이었습니다.

시간은 흘렀으니까
치료는 시작됐으니까
같이 가고 싶었던 곳이었으니까

"아직도 그 아이가 좋나요?
아님 신경이 쓰이는 건가요?"

"이제는 이유 없이 그냥 궁금해요.
연락이 안 되면 왜 안 될까 하고
유치하기만 한 그 아이가 나를 위해 시집을 썼대요."

들장미 소녀와 요술공주의 대화였습니다.

열네 번째 달 I

마법사를 사랑한 천사는 아니었을까요?

언어가 달라 고민을 한 게 아니었을까?

하얀색 물줄기가 흐르는 강은
청포도 에이드가 좋다 했던
어떤 사람의 잔상이 남아있고,
같이 앉았던 곳은
이야기가 남아있었습니다.

가려고 하면 가지 말라 했던 정병만이
중독의 목소리가
타락한 종소리를
거슬러 올라가
해방된 가난에
갈 곳이 없어 갔던 곳은
속임수가 가득한 천사의 집이었습니다.

15. THE DEVIL (R) 중독, 타락 (UR) 해방된 가난, 속임수

열네 번째 달 II
거인의 집에 잠시 숨겨주세요

그 여자의 눈은 자살할 눈도
누군갈 죽일 잔인한 눈도 아니었어요.

그저 선량한 아이의 진실을 기억하는 자의 마음과
'전달'이란 두 글자가 적힌 편지가
이전의 학습을 반복하란 말을 대신했고,
피아노 위에 음표만이 잃어버린 열쇠를 찾아달라며
정해진 운명을 갖다 주라며 "잘했어."란 한마디가 듣고 싶었던
일탈을 했던 공주의 소원을 들어주기 위해
거인이 말했습니다.

"이루어드리죠."

그리고
공주는 두려움을 먹은 거인의 하품을
호리병에 담았습니다.

21. THE WORLD (UR) 일탈

열다섯 번째 달 I

멀리서 왔어요.

소녀를 살렸던 건 음악이었습니다.

"거기, 거절을 할 수 없는 병에 걸린 건 아닐까요?"

원하지 않는 걸 원하는 건
돌아올 줄 몰랐다고 말하며 말이죠.

거인이 사라진 방에 잘 수 있는 곳을 주었던
조그마한 장식품이 말했습니다.

"거인의 웃음이 차원 속에서 영원하길…"

"차원을 넘어 역행하지 않고,
순환한다면 10번의 기회는 끝날 거예요."

그리고 이름이 같은 두 여자는
"싫어요."라고 말했던 소녀를 기억하고 싶었다고 했습니다.

10. WHEEL of FORTUNE (R) 순환 (UR) 역행

열다섯 번째 달 Ⅱ

달이 담긴 빵을 주고 싶었으니까요

감옥이란 단얼 새장으로 바꾼 건
작은 새가 새장에 갇혀있길 원하지 않기 때문이에요.

리본이라도 달아줬음 좋았을 텐데…

검정색 옷이 좋다며
빨간 눈을 가졌던 새는
공간이 주는 외로움이 싫었던 거죠.

나이를 먹는 게 두려웠던 용은
빨간 벽돌을 보는 게 좋다고 했습니다.

누군가 도와준 한 조각별은
어느새 지도를 만들었다고 했어요.

열여섯 번째 달 I

소멸되어지지 않고 남아있는 자

"음악이 끝나지 않았으니까요."
"알아요."

잊기 위한 걸음과 가면을 쓴 토끼의 대화였습니다.

음악이 왔을 때 그가 왔던 건
그의 전부가 왔던 거였죠.

바늘로 토끼를 찔렀던 건 물병에서 컵으로
쓸쓸한 인생의 무게를 담은 여신이었습니다.

"새를 가두지 마세요."
공주의 주문이었습니다.

공주는 여신을 저울에 빠진 숲으로 데려가
갈색이 담긴 물 한 잔을 주었죠.
그 물 한 잔은 기쁨이었지만 제한된 즐거움이었어요.
방황하고 잠시 일탈에 빠진 기억이 났으니까요.

둘은 남쪽 끝자락 땅에 예민한 눈으로 주문을 했어요.

"순환하는 생명이여, 역행을 두려워하지 말길…"

"21살이었습니다.
4월과 5월 중간 즈음 화살을 쏘아
독수리를 죽인 걸 비밀로 해주세요.
대가는 사자 한 마리면 되겠죠?"

공주와 여신의 거래였습니다.

15. THE DEVIL (UR) 방황
10. WHEEL of FORTUNE (R) 순환 (UR) 역행

열여섯 번째 달 II

편지를 전해줬으면 했어요

말을 할 수 있길 바랬어요. 그래서 물었죠.
"오로라를 보고 싶다 했던 설레임을 커다랗게 뜬 눈의
이름이 같은 여자가 데려다줄 수 있을까?"라고.

테이블 위에 떨어진 설탕 조각이 별이 되었고
갈색 물이 담긴 컵이 밤이 되었습니다.
버터도 한 스푼 집었습니다.

누군가의 장난전화가 소녀의 수줍음을
거인이 지킬 수 있도록 도와주었고,
탁자 위에 작은 별이 달콤한 젤리가 될 때까지
펜던트의 가치를 알아보고 싶었던 그의 목소리에
놀라 급격한 변화로 인한 재앙을 피해 감옥으로
다시 들어가고 싶은 컵을 든 왕이 말했습니다.

"또 왔어요?"

16. THE TOWER (R) 급격한 변화, 재앙 (UR) 감옥

열일곱 번째 달 I

물 앞에서 피아노를 쳐주세요

'같이'라는 말을 즐겨 쓰던 소녀를
안아주고 싶었던 회중시계를 든 토끼는
재판이 많으니 달과 별이 있는 나라로
먼저 가 있으라고 했습니다.

실수가 아니길 바랬습니다.
누군가의 욕심인지도 모른 채
음표에게도 표정이 있다고 했습니다.

참새는 "아직도 내가 미해결 과제인가요?"란 말을 하였고,
진실을 말하게 되는 열차 안 마지막이라
간절하게 듣고 싶었던 음악마저 익숙하지 않아
들리지 않게 됐습니다.

"누구와 듣던 음악이었을까?"

호수에서 웃어 보였던 잘생긴 백조의 웃음소리가
중립을 위해 독립을 택한 의심이 많은 자에게
말했습니다.

"이 공간에 나만 남길 바래요."

순간 시간이 정지했습니다.

* 재판 : 구체적인 소송사건을 해결하기 위해 법원이나 법관이 판단을 내리는 것
7. THE CHARIOT (R) 중립, 의심이 많은 자, 정지 (UR) 독립

열일곱 번째 달 Ⅱ

어김없이 무척 뜨거운 햇살이 비추는 날은 찾아왔고, 질문은 들어왔습니다

스피커가 가득한 방에
주먹고기를 좋아했던 천사 옆에
누워 잠을 자는 게 꿈이었던 여자는
이름을 지었습니다.

"이유가 뭐죠?"

쓸쓸한 감정을 뭐라고 말해야 할지 몰라서요.
같은 곳을 바라보길 원했으니까요.

늘 맛있게 내린 커피와 차 중에
고민을 해야 했어요.

빈 찻잔엔 달콤한 향만 남았고,
재앙이 닥쳐오니 남은 건
감옥이라 했던 별의 시계는
12시를 가리켰습니다.

"시계가 참 예쁘네요."
"그렇죠?"

"내가 다 기분이 좋네요."
"그렇죠?"

늘 잠이 오는 강아지 곁에 머무르지 못해서
쥐가 고양이를 무서워한다는 진실을 땅에 묻은 채
버들이 흔들리고 아련함은 숨긴 채
연속적으로 생각이 나는 기억을 모자에 담았습니다.

16. THE TOWER (R) 재앙 (UR) 감옥

열여덟 번째 달 I
아직은 몰라

인어공주는 부탁했습니다.
"착각이 아니길 바래요."

늘대는 말했습니다.
"내가 불렀던 노래를 너도 좋아하길 바래서 알려줬던 거야.
당신에게 내가 태양보다 더 먼저라면 같은 배를 타요."

"무언갈 감추고 있던 걸까요?"

인어공주는 늑대에게 전해주지 못한
또 하나의 호리병을 안고 있었습니다.

늑대 또한 인어공주에게 주지 못한
호리병이 하나 있었답니다.

"신경 쓰이게 하는 매력이 있지."
둘은 동시에 말했습니다.

열여덟 번째 달 II

파란 집에 위로를, 빨간 집에 선물을

공포가 다시 시작됐습니다.
누군가의 지인이란 이름으로
내뱉었던 낱말의 진실을 알지 못한 채
토끼 가면을 쓴 신사가 말했습니다.

"과거에 머무르는 자를 버리고 싶었어요."

미쳤다고 말한 그 거인은
초코렛 한 덩어리를 쥐어줬습니다.

서로의 소중함을 알지 못했던 둘은
멀리서 왔기에
두려움이란 새싹을 심어
소원이 빠르게 이뤄지는 걸 느낄 수 있었습니다

열아홉 번째 달 I
마법 주문이 필요했던 건 아니었을까?

어디서 왔는지 알 수 없었던 소녀는 너무 착해서
늑대가 팔을 물어도 괜찮다고 했어요.

"네가 갖고 있는
이쁜 눈동자를 주렴."

어른들의 목소리가 수근거립니다.

"작은 아이가 있었어.
땅콩 속에 살았지."

"이쁜 아이가 있었어.
캬라멜 상자 속에 살았지."

마법사가 되고 싶다 했던
소녀의 소원을 들어주기 위해
나무를 심었습니다.

신발이 이쁘다 했던 아이를 위해
신발을 사주었습니다.

비밀을 읽지 못했던 아이는
마법 소녀가 되었고,
마법 소녀는 불운이 가져온 충격을 동반한 늑대에게
갑갑해도 괜찮다며 "공원에 버들이 많지요?"란
둘만의 언어를 속삭인 채
잠이 들었습니다.

열아홉 번째 달 II
소녀는 너무 착해서
늑대가 팔을 물어도 괜찮다 했어요

늑대가 사라진 그 방 그곳에서는
혼자였던 늑대의 눈물을 닦아주고 싶어
문밖의 소녀는 알아들을 수 없는 말을 하였습니다.

같이 사탕을 나눠 먹었던 순간
첫 향은 좋았고, 두 번째 향은 신향이 났던
노란색 레몬맛 사탕을 거인에게 주고 싶었어요.

이유는 모르겠는데
기분이 좋아 보이는 소녀는 같이 가고 싶었던
그곳에 가게 되어 달이 뜨지 않는 밤이라도 무섭지 않다 했고,

갈색의 달콤하고 네모나며 땅콩이 든 과잘
거인의 주머니에 넣어주고 싶었다고 했습니다.

언젠가 색깔이 다른 벽에서 같이 과자를
구워 먹었던 날을 떠올리며 말이죠.

스무 번째 달 I

당장이라도 네가 달려올 수 있다면
오렌지색 하늘을 너에게 안겨줄 수 있을 텐데...

"당신이 쓰는 모자엔 검이 들어있었군뇨."

그냥 음악이 좋았다고 말하고 싶었어요.

달이 담긴 이야기를
커튼으로 감추기 위했던 건
차가운 눈이 아니었어요.

어쩌죠,
비밀을 들켜버렸군뇨.

꽃다발과 모자 그 둘의 무게를
잴 수 있었다면 더 좋았겠죠.

그냥 이뻤어요.
꽃을 뒤집어 엎어놓았으니까
유리컵에 든 꽃도 이뻤고요.

스무 번째 달 Ⅱ

당신을 좋아하면 할수록
내가 위험해진다는 걸 알고 있어요

'야'라고 말했던 건 '누'가 아니었고
'아'이스크림이라 말했던 건
달콤한 '슈'를 원했던 것도 아니었죠.
'나'가 원했던 건 빛나던 '거울' 속 나였습니다.

소녀가 벽을 쌓았던 건
그때 늦댄 말했어요.
차 한 잔, 영화 한 편 안 봤던 게 문제라고.

듣고 있던 악어가 말했어요.
타임머신은 설탕에 졸인 생강을
마법 소녀에게 주라 했고,
구름을 타고 날아오르는 어른은
녹색 지붕 위 갈색 집에서
함께 먹었던 파이를 주라 했어요.

* 나경(鏡 : 거울 경)

스물한 번째 달 I

여왕이 되고 싶다면 카드를 들어요

소녀는 비밀을 알지 못했으니까요.
마법사는 비밀을 읽을 수 없었으니까요.
마법사가 되고 싶었던 소녀의 소원을 들어주기 위해서
소녀가 언젠가 봤던 영화 속 주인공은 달과 별이 함께
있어야 한다는 과학자의 속삭임이 이어지자
인어공주와 늑대의 눈이 달라졌습니다.

존댓말과 반말이 교묘하게 섞이게 말하는
악어는 재앙이라 말했습니다.

믿지 않았으니까요.

스물한 번째 달 Ⅱ
종을 울려주세요

흰 부채를 쥔 그에게 연두색 부채와 빨간색 부채를
선물해주고 싶었던 소녀는 하녀와 용병의 이야기였고,

"기분이 어때요."라고 물었던 건
한 가족에게 주었던 케익이었으며
노란 꽃과 빨간색 꽃을 조심하라 했던
용의 아들은 소녀가 꿨던 꿈속 남자였습니다.

알 수 있었던 걸 알 수 없었다고 한 건
잎사귀와 색깔이 같다 여긴 공룡이었습니다.

그 공룡의 모습이 좋았는데
그 공룡 또한 느꼈다고 했습니다.

"당신, 머리가 참 복잡한 분이군뇨."

스물두 번째 달 I

홍차 위에 커스타드 크림을 얹었더니

비가 내리던 날 밤
영화를 좋아했던 소녀는
새들의 노래소리가 들렸다고 했습니다.

파티를 준비하던 노인에 대한 거절과 폭력이
늑대가 되어, 또는 거인이 되어 코가 빨갛다며
단지 산타할아버지가 위로를 해준 거뿐이라고.

천둥번개 치는 날을 두려워하지 않기 바라는 마음으로
행복해지길 바라는 바람은 바람으로
그리고 또 바람이 바람이 되어
아이의 첫 옹알이를 보게 했고
과자로 만든 집에 노란 나비가 앉히게 했습니다.

스물두 번째 달 II

공장으로 오라 했던 달콤한 메아리

캬라멜이라 불리던 소녀의 소원은 메아리가 되었고,
그 메아린 과학자의 소원이 되었습니다.

결혼식 날 주례가 필요했던
캬라멜은 윙크를 했습니다.

"에텔체, 그 책을 잡을 수 있는 사람이었으면 좋겠어요,
난 바로 찾았는데."

"'미친놈'이라 말했던 그 사람의 아이를
스스럼없이 또 볼 날이 올까?"란 말이 끝나자

터보라이터를 키며
노라고 외쳤던 노인에게
바리바리 들고 온 밤을 건넨 과학잔
디지털카메라를 선물하고 싶어 했습니다.

스물세 번째 달 I

당신을 위한 노래는 준비되었으니
곧 가져오겠습니다

밤을 그리던 아이와 글씨를 쓰던 아이는 동시에 물었어요.
"기분이 어때요?"

한 가족에게 노란 꽃은 만족감을 주었고,
"에~" 하며 소리 지르던 아이의 맑은 웃음은
일탈을 주기에 충분했습니다.

비가 내리는 날
앙 베어 물었던 밤
영화가 좋았던 소녀는 장례식에서
"핏자국이 담긴 구슬을 원하지 않는다."고 했습니다.

베니스가 좋다 했던 아이의
"네!"라고 우렁찬 대답이 그리웠던 악마
치기 어린 투정을 부리며
아직은 아니라며 사계절 내내 함께할 수 없다며
빈 잔을 깨뜨렸습니다.

스물세 번째 달 II

네가 희생해야 한다

대롱대롱 매달려 있는 선인장을 보니 마음이 편했습니다.
생각을 없애기 위해 먹는 소녀도 있었습니다.

라라 노래를 부르기보다
스산했다던
트럼펫 소리와 함께
라라를 외쳤던 건
또다시 만나기 위한 약속을 기다렸던 거였죠.

"알 길이 없었어요."

푸드득 날아든 새가 말했습니다.
"날 가지고 뭘 만들려고 하는 거죠?"

"소련군 담요만 한 돈까스를 만들려고 하는 거지."
거인이 말했습니다.

* 푸鳥 : 아빠가 좋아하던 차

스물네 번째 달 I
이제 속이 후련해요?

짜증을 내던
장발장은
면(面)이 서지 않는다며
삼각형을
김이 나는
밥알에 얹었습니다.

"산에 달이 앉았네."
고슴도치는 말했어요.

"수틀리지 않길 바래, 비현실적인
드라마를 보는 게
중세시대 갑옷을
본 평범하지 않은 인생을
산 여왕보다 나아."

"작은 공주가 울까봐 스스로 상처를 낸
하얀 모자를 쓴 공주의 이야기는 어떤데요?
난 그 아이가 드라마를 안 봤으면 해요."

스물네 번째 달 II
오해하겠네

벼가 무르익을 때 즈음
작은 공주는 요술공주가 되었고,
요술공주는 보석을 박아놓은 집에서
티티새와 함께
별이 반짝이는 밤이 이뻤다고 했어요.

장소를 벗어난 사람들이
하얀 철장 안으로 들어가
초록 지붕에 작은 별이 떴을 때
상자 안에 물은 얼었고,
돌멩이는 물에 잠겼어요.

"인생은 동화 같은 거야."

소녀가 드로잉을 즐길 때
완고하기만 했던 소녀의 드로잉 필체는
이렇게 말하는 거 같았어.

"소중해서 그런가봐."

컵에 물을 따랐습니다.

펜이 떨어지면

타자는 느려지고

클 수 있던 아이의 키는 줄어듭니다.

* 소드 : 검, 바람, 스페이드, 사고, 정신, 정보
* 완드 : 막대기, 불, 클로버, 열정, 에너지, 활동
* 컵 : 성배, 물, 하트, 감정, 정서, 공감
* 펜타클 : 금화, 코인, 디스크, 땅, 다이아몬드, 물질, 감각, 현실

스물다섯 번째 달 I

바빠요

기분에 따라 달라지는 사람들은 캬라멜에게
알 수 없는 말을 하는 소녀도
나이를 알 수 없는 노인도
펜을 들라고 했다 했죠.
중세시대 갑옷을 입은 뚜껑 열린 토끼를
보고 싶었을 때

그때였어요.
유리구슬 안에 갇혔던 건 꽃 한 송이였죠.

"어떤 마을에 살 거예요?"
나무는 말했어요.

사슴 옆엔 솔방울과 나무가 함께 있지 못해
생각이 났다며
노란 열매가 땅땅하게 있을 때
작은 공주 옆에 서 있던 여왕이
빨간 망토 흔들었답니다.

스물다섯 번째 달 II
기다려요

운명의 끝을
달리고 싶었어요.

"천사 주파수를 아침에 들었단 얘기를 들었어."
마법사가 꿈인 여자가 말했습니다.

그래 이야기를 들려줄게.

"내가 사랑했던 나무가 있었어.
근데 어느 날 그 나무를 뽑으러 오더라.
그래서 마음속에 나무를 하나 심었어."

이야기를 하던 중 왕은 말했어요.
"곁에 있을래?"

여왕은 말 대신
고개를 저었어요.

마법의 길 그곳의 이름은 웨딩의 거리
호박마차가 있고,
보석과 웨딩드레스가 있는 곳

불운이 가져다준 충격은

이별을 야기시키지…

대신 갑갑한 거보다 나으니까, 그렇지?

* 곁소바(아빠가 좋아하던 음식), 충격 16(R)

스물여섯 번째 달 I

뭐가 좋아요? 맨날 일에 치여 사는데...

여왕은 말했습니다.
"약간의 신경증은 다들 있어. 딸기잼을 먹더니."

"와 이게 뭐야?"

사이가 좋아 보이던 왕과 왕비의 대화를
비리비리했던 거인이 보더니 말했죠.

과학자가 타임머신을 쓸 때에
빙수를 만들던 소녀도
버거를 만들던 소녀도
군밤을 팔았던 소녀도
숨을 불어주었을 때
공룡은 누군가 쉬기 위해 들렀던 그곳이 예술이라 말했고,
가지 말란 말 또한 할 수 없었다 했습니다.

그래서 들고 있던 체리를 주었고,
프리지아꽃을 주었답니다.

스물여섯 번째 달 Ⅱ
왜 그러신대요?

삐에로의 웃음이 싫었으니까요.
별 모양이 무서웠어요.
그러자 작은 공주는 이름이 생겼습니다.

"자스민."
산딸기 언니는 말했어요.

보물함을 꺼낸 소녀는 손으로 만졌어요.
톱니바퀴에 굴러가는 깎지 못한
기술자의 이야기가 담긴 보물함 속엔
특별한 지시가 있었습니다.

"기본 준비라도 되어있어야지."
검은 고양이는 말했습니다.

해진 옷을 꿰매며 바보라고 일컫는 아이에게
이야기라도 해주고 싶었습니다.

스물일곱 번째 달 I

오해하겠네

느낌적인 느낌을 찾던 삐에로와 마법사는
그 손짓이 마지막일 줄 몰랐다 했습니다.
왕과 사슴은 둘만의 암호를 주고받았다 했고,
왕은 말했습니다.

"나는뇨,
무척이나
아이가 보고 싶은 왕이에요."

그리고

"미련하게도
타이르는 법을 모르는
불쌍한 거인이에요."

보리밭에 수를 놓고,
고슴도치가 말했습니다.
이렇게 이쁜 아이는 처음이라고 말이죠.

스르르 잠든 아가였습니다.
피식 웃더니

싱그르르 웃었던 아가였습니다.

현재를 즐기길 바랬습니다.
금지된 숲엔 들어가지 말길 바랬습니다.
수학을 잘하길 바랬고,
거짓말을 잘하길 바랬고
(이건 말을 이쁘게 하길 바랬단 뜻입니다.)
책을 많이 읽길 바랬습니다.

스물일곱 번째 달 II
밥 먹고 오라고 해

자석이라 이끌렸던 그는
기술이 부족했다며
"야."라고 불렀어요.
'보물'이라 일컬었던 건
별가루를 들고 다니던 거인이라 했습니다.

"당신에겐 그늘이 있고,
눈물이 있네요."
기억해달라는 여사제의 목소리였습니다.

같은 실수를 10번 반복하는 게 싫어서
이불 밑에 있던 손가락의 추억이 심판을 한다며
용병은 하녀에게 말했답니다.

빨간 지붕 위 달이 조각나길 바랬던
거인이 앉았던 그곳의 원형은 타원형이 되었고,
타원형의 집이 내 모습과 겹쳐 보여 좋았다 했습니다.

모든 게 진실이 아니라는 걸 알려주고 싶었어요.
거짓말이었으니까요,
이간질이었으니까요,

협박이었으니까요.

2. THE HIGH PRIESTESS 여사제
10. WHEEL of FORTUNE (R) 같은 실수를 반복

스물여덟 번째 달 I
전화하라고 해

하루에 끝을 달리는 순간에
미쳤다고 말한 거인의 웃음도

달이 하얗게 될 즈음
달에 앉은 '보고라는 고양이'도
정적이 무서워
음악을 틀 수밖에 없었다고 했습니다.

아이를 사랑했던 들장미 소녀는
러플거리던 분홍색 치맛바람을 펼치며
말했습니다.

"별 떨어진다."

지긋지긋한 갈색이 담긴
추억 속에 빨간 대문집 여자와
엄지공주가 말했죠.

"지금도 손해를
끼치고 있는 건가요?"

톱니바퀴 굴러갔습니다.

* 아들러 : 프로이트의 동료이던 오스트리아 심리학자

스물여덟 번째 달 Ⅱ
운동하라고 해

왕이 평범한 물을 마시길 바랬어요.
산타는 녹색 지붕 위 갈색 집에서 함께
먹었던 파이를 떠올렸어요.

음식 냄새는 불맛 나는 요리를 좋아한
왕의 나쁜 입을 막기 위한 방편이었어요.

강이 얼어버렸고
철이 지나 버린 보리밭에 누운 산타는
의리를 지키기 위해
연애를 포기하고
금액을 측정해야 한다며
술을 기울였고,
사이비에 놀아나지 않길 바란다며 말했어요.

스물아홉 번째 달 I

공부하라고 해

재즈가 좋다 했던 장화 신은 고양이는
종이 주인이 되는 건
재기불능이라 말했고,
악마는 토론이 무섭다 했습니다.

새로운 시작을 기다린 악마는
갑옷과 투구를 쓴 고양이에게
독립적인 행동은 배신을 뜻하는 거 같다며
작은 공주를 키우고 싶은 달의 이야기라 했습니다.

용병이 카레를 만들었을 때는 재산을 악마에게
법대로 하는 자를 통해 주라 하였고,
변호사는 대기하라 했어요.

7. THE CHARIOT (UR) 독립적인 행동, 배신
2. THE HIGH PRIESTESS 법대로 하는 자
7. THE CHARIOT (R) 대기

스물아홉 번째 달 II
거기는 어디래요?

한 계절만 볼 수 있다는 게
아쉬웠던 여왕은 하녀에게
세 가지 보물을 주고 싶었습니다.

한 가지는 죽음 뒤에 모습
또 한 가지는 죽기 전에 얼굴
나머지 한 가지는 살아있을 때
적어야 할 것.

'보물'이라 일컬었던 건
기억해달라는 하녀의 목소리였습니다.

"유치하게도
키가 컸어요.
그래서 그 기사에게
카네이션을 주고 싶었습니다."

잃어버린 조각들을
다시 찾고 싶었기에
불화를 일으키고 싶지 않아서
교육을 할 수밖에 없다던

용병의 지난 이야긴

밤과 낮의 경계선이 모호한 상태에서
꽃 한 송이 한 송이가
너무 이뻐서 사진만 찍었다던
하녀에게도 해당되는 이야기였습니다.

서른 번째 달 I

이제 알았어요?

들장미 소녀가
숨을 불어넣어 주었을 때
왕은 미친 척하고 '누'라 불린
고양이 집에 들어갔습니다.

요정들의 속삭임마저 들렸어요.

"유치해도 어쩔 수 없었어요.
모두 다 원했으니까요.
차차 나아질 거라 생각했어요."

요술공주가 말했어요.

"피리를 부르고
노래를 부르는
키가 컸던 거인 앞에서
오로지 들장미 소녀는
어떠한 능력치가 있나 보죠?"라고 말했고

수틀리지 않길 바랬다며
비틀거리던 거인은

더러운 도랑을 밟으며 말했어요.

"모든 건 사슴의 계획이야."

서른 번째 달 II
이번엔 좀 더 의젓해지세요.

코하고 잠든 아이는 작았으니까
신경이 쓰일 수밖에 없었어요.

로봇처럼 변한 늑대는
나지막이 말했어요.

"만나지 말아야 할 사람들이 만났네."

바보였죠.
이렇게라도 할 수밖에 없어 미안하다 했습니다.
러플거리던 치맛자락이 기억을 합니다.
스르르 언제 즈음 잠이 들까…

신비한 세계 속에서
달콤한 꿈을 꾸길 바란다고 말했습니다.

아이의 울음소리를 들었습니다.
동적인 것과 정적인 것 둘 중 하나만 고르세요.

보리수 밑에서
호객행위를 했던

전나무 요정과
문고리를 열고 싶어 했던 늑대와
기관차를 좋아했던 소녀를 위해
관계 속에서 피에로의 웃음 또한
페이지를 펼치지 못한 채
책 속에 갇혀있곤 했답니다.

* 페이지 : 시종

30번째 달을 마치고…

태양은 스스로 별이라 말하며 너무 뜨거웠고,
달은 너무 차가웠습니다.
달은 태양과 별이 떨어져 있길 바랬습니다.
여기까진 작은 공주를 키우고 싶은 달의 이야기였습니다.

엄마와 아빠의 전생 이야기

경찰을 무서워한 거인이 있었습니다.
이 이야기는 그 거인으로부터 시작됐답니다.

그는 전생에 스님이었습니다.
그런 스님을 좋아한 공주가 있었습니다.
그 공주는 가난한 왕국의 공주였습니다.
이제부터 공주와 스님의 이야기를 시작하겠습니다.

가난한 왕국의 공주와 스님의 전생은
선생과 제자였답니다.
공주는 스님에게 무술을 가르쳐준 선생님이었습니다.
선생으로서 많은 걸 가르쳐준 탓이었을까요?
이 둘은 그 다음 생인 현생에
20년이란 시간을 거슬러 부부로 만나게 됩니다.

네, 맞아요.
바로 저의 엄마와 아빠의 이야기랍니다.

저희 엄마 이야기부터 할게요.
저의 엄마의 아버지는 전생에 돼지였대요.
그리고 저의 엄마의 할머니는 붉은 용이었대요.
엄마의 아버지는 전생에 돼지였어서 그런지

늘 이상한 습관으로 음식을 사면 버렸답니다.

"전생에 난 돼지였어서 음식을 버리는 거야…
나중에 이 음식물 찌꺼기를 돼지가 먹으라는 거지."

전생에 돼지였던 자의 어머니인
엄마의 할머니는 붉은 용이라 일컫는 자였답니다.
엄마는 붉은 용을 싫어했습니다.
엄마는 시간이 날 때마다
붉은 용이었던 할머니란 자의 발톱을 정리해주었다고 했습니다.
붉은 용이었던 자는 고고학을 좋아했었고,
엄마를 아무 데도 못 가게 지키고 싶었대요.

붉은 용의 식사를 먹는 공주에게
전생에 돼지였던 현생의 저희 할아버지는
어렸을 때부터 이를 우려해서 그런지 늘 저희 엄마에게
"빨간색을 조심해라."란 말을 했대요.

엄만 훗날 알았대요.
그게 붉은 용이었던 할머니를 조심하란 뜻이었단 걸 말이죠.
그 말은 붉은 용이 사는 동굴에 가지 말란 힌트였다는 걸요.

붉은 용이 사는 동굴에서 음식을 먹는 건
하루하루 늙어간단 뜻이었고,
자기처럼 축생이 될 테니 조심하란 뜻이었답니다.

그래서 이 둘은 그 동굴을 비밀의 숲이라고 지었답니다.
이 말은 붉은 용과 함께 있으면
죽음에 더 가까워진단 뜻일 거라 공주는 여겼답니다.

그리고 붉은 용의 아들이자 전생에 돼지이며
현생에 저희 할아버지였던 자는
늘 공주에게 비밀의 숲에 가지 말라며
달콤한 것을 주며 달랬다고 했습니다.

저희 외할머니가 붉은 용이었을 때
저희 엄마는 붉은 용의 남동생이었답니다.
그래서 죽음에 가까워진 저희 외할머니인 자는
늘 저희 엄마를 찾았나 봅니다.
엄마는 싫어했습니다.

이제 저희 아빠 이야기를 해볼게요.
저희 아빠는 가난한 왕국의 공주가 좋아한 스님이었죠.
그 전엔 엄마의 무술 제자였답니다.
그리고 아빠의 동생이자
저희 고모는 전생에 개장수였답니다.
엄마에겐 시누이란 존재였답니다.

고모는 죽기 전에 누군갈 많이 미워하다 죽었습니다.
자식이 없었기 때문이죠.

이 이야기의 주인공인 저요?
저는 전생의 아빠의 아빠였답니다.
제가 저희 아빠의 아빠였을 때
제가 낳은 자식 중 둘째 딸과 사이가 좋지 않았습니다.

현생의 고모이자 전생의 제장수였던 그 아이와
사이가 안 좋아서 그런지 저희 엄마는
제가 임신 7주 때부터 저희 엄마를 괴롭혔다고 합니다.
제가 현생에 그 딸에게 잘해줬더라면
저와 제 엄마가 고생을 덜 했을까요?

오랜 싸움이었습니다.
전 제 과보를 알고 있어서 그저 아빠나 고모가
저를 품은 엄마를 괴롭힐 때
발차기로 저도 느끼고 있다 했고,
아빠가 소리를 지를 때면
울면서 그러지 말라고 말하는 것밖에 할 수가 없었답니다.

전생에 제 딸이었던 아이가 현생에 저와 엄마에 대해
술을 마시고 욕을 하고 괴롭히는 게
한두 번이 아니었다는 걸 알게 된 이상
전 술을 멀리할 수밖에 없을 거 같습니다.

엄마가 공주였을 때 이야기를 해보겠습니다.
그 생의 아버지는 가난한 왕국의 왕이었고,

그 전엔 암행어사였지요.
그리고 그 전엔 사기를 치던 범죄자였답니다.
무려 10년 동안 감옥에 갇혔었죠.
그 전엔 사형집행관이었고,
그리고 그 전엔 왕의 심부름을 하는 기사였답니다.
주로 하는 일은 문서를 나르는 일이었답니다.

엄마는 전생에 아버지였던 자를
수많은 업보로 현생에 변호사가 된 자와
다시 만나게 되었다고 합니다.
전생에 부녀지간이었던 이 둘은
가난한 왕국의 국왕과 딸이었습니다.

가난한 왕국의 공주였던 엄마는 아빠를 대신해
무너져 가는 나라를 일으키기 위해 싸우다 죽었었고,
아빠는 하나밖에 없는 딸의 죽음을 슬퍼함과 동시에
국왕의 무게를 홀로 견뎌야 했던 외로운 왕이었습니다.

엄마가 엄마가 되기 이전에 아빠는 청년이었고,
엄마가 한 아이였을 때 엄마를 봤다 그랬어요.
어느 절에 앉아있던 할머니와 어린아이였던 엄마가 있었죠.

아, 할머니요.
붉은 용이자 엄마의 남동생이었던 자와
현생에 다시 할머니로 만난 사람이요.

전생에도 할머니와 손녀의 관계로 만났었다고 합니다.
그니까 저희 외증조할머니네요.
"이쁜 할머니와 이쁜 손녀네."

저희 아빠가 청년 시절 어느 절에 있었을 때
어느 아이가 대뜸 다가와 말했다 했습니다.

"제가 사과와 딸기를 많이 가져다드릴게요."

그땐 그 의미를 알지 못했다고 했습니다.
그때 그런 말을 했던 그 아인
할머니를 무척 사랑한 아이였고
그 말을 하고 나선
할머니의 눈썹을 집게로 뽑았다고 했습니다.

다음 생인 현생에 엄마는 어느 가정에 태어나게 돼
엄마가 아니라 할머니 손에 자라게 돼
할머니를 다시 만나게 된답니다.

할아버지와 할머니와 함께 살 수밖에 없었던 엄만
할아버지와 놀면서 할아버지에게
하늘만큼 땅만큼 사랑한다며
사과와 딸기를 많이 가져다주겠다고 했답니다.

엄마의 할아버지 또한 불교를 참 좋아했답니다.

어느 날 할아버지와 함께 절에 갔던 어린 엄마에게
함께 동행하던 스님은 꽃을 한 송이 주었지만
엄만 어린 나머지 그 의미를 이해하지 못해
꽃을 버렸다고 했습니다.

할아버지는 꾸중을 했지만
엄만 그 이유를 알지 못했죠.
엄마는 스님이 줬던 꽃을 받았어야 했습니다.

그 스님은 바로 저희 아버지의 전생이랍니다.
그 스님이 줬던 꽃을 받았더라면
엄마와 아빤 헤어지지 않았을 거예요.
엄마에게 차였기 때문에 아빤 엄말 다시 만난 거래요.
아빠가 죽으며 떠올린 연인은 엄마였다고 했어요.
(Ten of Swords)

그래서 이 둘은 이번에 이별을 한 게 아닐까요?
엄마가 이별이 주는 고통이 크게 느껴질까봐
저를 위해 글을 쓰는 것처럼요.

하지만 아빠와의 이별보다
저와의 이별이 더 아프다고 했답니다.

아무도 모를 겁니다.
엄마가 저와의 만남을 그리워했다는 걸요.

나중에 알게 됐어요.

엄마는 훗날 청년 시절을 지나
중년이 된 아빠를 만나 20년의 시간을 넘어 부부가 돼요.
그리고 엄만 전생에 부녀지간이었던 변호사를 만나 말합니다.

"인생을 바꿉시다.
다음 생에 내가 당신의 삶을 살게요."

이 한마디가 또 다음 생을 바꿔놨습니다.
엄마는 다음 생에 변호사가 되었고,
엄마와 헤어진 뒤에도 연락을 계속한 아빠는
검사가 되어 또 만나게 되었습니다.
이 둘은 또다시 만나 제자와 스승 사이가 되었답니다.

다행히 선후배 사이로 만난 이 둘은 성별이 달랐지만
결혼을 하지 않았고,
이번엔 엄마가 아빠에게 스승의 존재가 되어
많은 걸 가르쳐주었다고 했습니다.
참 질긴 인연이었습니다.

엄만 잘 나가는 변호사가 되어서
일에 치이는 바쁜 생활을 하게 됩니다.
열심히 일해서 세금신고를 하고,
직원들 월급 줘야 하고,

의뢰인들의 고민을 짊어지는 엄만 슈퍼 영웅이 되었답니다.

아빤 그런 엄마의 후배였고
엄마에게서 제대로 배워 멋진 검사가 되었습니다.
그리고 그 다음 생에 엄만
현생의 변호살 또 만나게 된답니다.

변호사님과 대화를 하지 않았더라면
다음 생에 인연이 끊어졌을 텐데
엄만 대화할 사람이 없었다고 했습니다.

다음 생에 변호사는 엄마의 할아버지가 되었고,
엄만 다음 생에도 할아버질 잘 따랐습니다.
그리고 다음 생에도 전 엄마의 딸이 되었습니다.

다음 생에 엄마의 할아버지가 되었던 자를 위해
손녀가 된 저는 무럭무럭 자라서 훌륭한 판사가 되어
할아버지에게 술을 사다 드리는 손녀가 되었고,
엄마 역시 생각이 날 때마다
1년에 두 번은 찾아갔다고 합니다.

얽히고 얽힌 이 관계는 꽤 깊은 인연이 되었습니다.
이렇게 3가족은 다음 생에 또 만나겠죠.
아니 5가족이네요.
전생에 엄마의 자식이었던 자는 엄마를 기다리고 있습니다.

누가 될진 모르지만…
겁먹지 않길 바랄 뿐입니다.
"엄마, 저는 괜찮아요."

이 이야기 주인공인 저는 어떻게 됐냐고요?
망설임과 상상력이 다소 문제가 됐지만
안정적인 사랑을 찾고
가족 같은 친구들과 함께 행복한 삶을 살았답니다.

그리고 이 책은
전생의 인연을 이어주는 한 권의 책이 되었답니다.
절 위해서 불교를 공부해서 고마워요.

지장경을 듣고, 금강경을 필사하고,
제가 없는 동안 주소를 몰라
부치지 못한 크리스마스 카드를 쓰고,
주지 못한 꽃을 선물하고,
설날 저희 할머니에게 전해줄 편지를 써줘서 고마워요.
전해 받지 못했지만 알 수 있어요.

나경아, 어떤 선택이든 누군갈 힘들게 할 수도 있단다.
하지만 선택을 하는 자 또한 아쉬움이 있지.
타로는 점이나 예측이 아니라
우유부단을 끊어내는 삶의 지혜를 가르친단다.
그래서 우유부단한 아빠는 타로티스트가 된 거란다.

제3부. 태양 이야기

첫 번째 태양 I
신경 쓰고 있다고 해

아이는 아직인가요?
라라라 노래를 부르는 모습을 보았습니다.
한 가지 필요한 건 그 아이와의 포옹이란 걸 깨달았을 때

여기저기 피 터지듯 풍겨온 베르가못 향이
빨간 모자와 파란 모자를 쓴 두 명의 아이들에게
모든 건 속임수라고 말해주고 싶어 했죠.

"한 번 봤는데도 좋네.
탄원서 하나 쓰고 가요."

이 말을 한
웃어 보였던 것도 상담을 했던 것도 거짓말이었던
행복해 보이지 않은 거인은 상처를 받았다고 했습니다.
그래서 사과를 하고 싶었던 작은 요정은
술 한 병을 갖다 주기로 했답니다.

* 아라한 : '불래과'라고 해서 이번에 성불해서 다음은 윤회하지 않는다는 뜻
15. THE DEVIL (R) 약한 의미로 속임수

첫 번째 태양 II

다른 이들이랑 같이 있어요

"생명의 나무라고 외쳐줘."

수를 헤아리기 어려웠으니까
다시 세야 했어요.
원 없이…

왕 뒤에 있는 천사는 나팔을 들고 한 손으론
왕을 경배하는 자세를 취했습니다.

여왕은 웃었습니다.
기사가 말합니다.

"자리를 지키세요.
그게 아니라면 당신을 토막 내서 냉장고에 넣은 다음에
보고 싶을 때마다 꺼내 볼 거예요."

* 수다원 : 수행 끝에 성자가 되는 입구에 서 있는 수행단계

두 번째 태양 I

어디예요?

"용병을 피해서 달아나면 좋겠다."

경찰은 최면을 걸었습니다.

중고서점으로 간 변호사는
커피 한 잔을 건넸고,
헤밍웨이 책 한 권을 골랐습니다.

권위를 가진 자는 왜 무기력할까?
변호사가 같은 실수를 반복하기 싫다며
운명의 수레바퀴를 맴돌기만 했습니다.

악어가 말했어요.

이 모든 건 오컬트를 좋아한
짜증을 내던 장발장의 이야기였으며,

피리를 부르고
노래를 부르는
키가 컸던 거인 앞에
코를 찡긋했던 악어의 이야기였고

오컬트를 좋아했던 노인이 죽기 전에
내뱉었던 몇 마디였다는 걸요.

4. THE EMPEROR (R) 권위 (UR) 무기력
10. WHEEL of FORTUNE (R) 같은 실수 반복

두 번째 태양 Ⅱ
안 그래도 생각났는데

"칼 사주고 싶다."

변화를 꿈꾸던 악마가 말했습니다.

여왕의 기사가
왕관을 떨어뜨리더니 말했습니다.

"서로에게 상처가 되는 싸움을
계속해야 되는 건데…"

과학자가 말했습니다.

"우리
체벌은 싫다고 했지만
극소한 상처라면
어느 정도 도움은 되겠죠?"

뒤에 있던 사슴이
과학자의 귀에 대고 속삭였습니다.

"안됐네."

해가 뜨는 방에서
과학자는 현실을 조작하기 위한
거짓말을 할 수 없었습니다.

"아까 밝게 빛났던 건 뭐였을까요?"
"산타가 준 딸기쨈이 든 쿠키요."

18. THE MOON (UR) 현실

세 번째 태양 I
너무 심해요

편하려고 해서
집을 나간 건지
증상이 어떤 건지도 알 수 없었어요.

왕이
다시 태어나기를 바랬습니다.

10월 26일은 어떤가요?
왕과 여왕이 처음 만난 날

여왕이 기억하는 날짼 그날뿐이에요.

사기를 당한 날짜
다 함께 말이죠.

* 편집증 : 과도한 불안감이나 두려움으로 주변 사람이나 세상이 자신에게 해를 끼칠 것이라고 의심하는 심리 상태, 아빠의 상태
* 왕생(生) : 죽은 후 정토의 세계에 가서 태어나는 것을 의미
* 사다함 : '일래과'라고 해서 한 번만 더 태어나면 깨닫는다는 단계

나경아, 어떤 선택이든 누군갈 힘들게 할 수도 있단다.
하지만 선택을 하는 자 또한 아쉬움이 있지.
타로는 점이나 예측이 아니라
우유부단을 끊어내는 삶의 지혜를 가르친단다.
그래서 우유부단한 아빠는 타로티스트가 된 거란다.

세 번째 태양 I

나 일하는 거 방해하지 말고

둘이 되었을 때 동행을 했었습니다.

"음악이 바뀌었네요."
"아르카나는 뭐예요?"

판사와 중국 음식을 좋아하는 거인과의 대화는
카우보이 모자 한 개가
밤이 되어 이 둘을 가려주었고

판례는 하늘이 되어
적혀있는 한자는 별들이 되어
둘을 비춰주었습니다.

일요일 해가 비추는 오후
거인이 초등학교를 향해 총을 쏘았습니다.

그 총 한 방이 봄날 강가에 있던
아이의 상상력이길 바랬습니다.

"이런 식의 순환은 원하지 않았어요.
왜 아직 여기에 있어요?"

"인연이네요."

거인이 말했습니다.

"두 번 만났으니까 한 번 더 우연히 만나면
그땐 정말 친구가 되는 걸로 해요."

"만화를 너무 많이 본 거 아니에요?"

아직 내 것이 아니었던 자와
남의 편이었던 자의 대화는 이렇게 끝났습니다.

---

* 범망경에는 사람 간의 선근 인연에 의해 보를 얻는다고 하는데 2천 겁에 하루 동안 길을 동행한다고 한단다.
* 아르카나 : 전승지식
* Sunday afternoon : 아빠가 좋아하는 모자 브랜드
* 봄날 강가 : 아빠가 좋아하는 곳 중 한 곳(춘천)
12. THE HANGED MAN (R) 상상력
10. WHEEL of FORTUNE (R) 순환

세 번째 태양 II
전화하라고 해

해바라기씨 한 톨을
나무 사이사이에 얹었습니다.
난징대학교의 대 앞에 있던 나무였습니다.

색깔이 다른 구슬을 나무에 달면서
게처럼 걸어보기도 하고
임신을 했다며 즐거워하던
여왕을 그리워하기도 하고

중국에 가고 싶다던
꿈을 이야기한 왕을 보기도 하며
독이 있는 말벌이 버스에 들어오면
나서서 죽이기도 했던
지역이 담아져 있던 추억을
이젠 한 아파트에 묻어놓았다고.

괜찮으니
단지 여왕을 찾아오기 바란다며
계속 기도를 하고 있는
그를 찾길 바라는 건
이 글을 쓴 여왕의 바람이란 걸

누구보다도 잘 알고 있습니다.

그래서 전 오늘도 "엄마?"라고 부르며
목소리를 들려주고 싶어도
그럴 수가 없다는 게 개탄스럽답니다.

네 번째 태양 I

누가 커피라도 좀 줘요

피스타치오 몇 알 까먹곤
다시 주파수를 맞춰 이야기합니다.

"초록색 열매 예쁘지요?"

수없이 되뇌인
미안하단 말은
크리스마스날 받은
산타의 선물이 무색할 정도였죠.

만 가지 이야기면 될까요?
다 다르지만
비슷한 이야기를 들을래요?
아님
라흐마니노프 협주곡 한 곡을 들을래요?

공주님,
좋은 아침입니다.
그리고 미리 이야기할게요.
잘 자요…

* 수미산 : 불교의 우주관에서 나온 세계의 중심에 있다고 하는 산
* 만다라 : 우주 법계의 온갖 덕을 망라한 진수를 그림으로 나타낸 것 중 하나

네 번째 태양 II
돈 생각하지 말고

누군가의 자살 시도는
마녀의 조언이었고,

마녀의 성격이 불 같다고 했던 건
따뜻한 성품이어서 그렇다는 판결이
여자를 도와주기 위해 그렇게 태어났다는
말로 대신했답니다.

기사는 여자의 생각을 눈치챘습니다.

"불 켜진 사무실에
또 가고 싶다는 생각 맞죠?"

기사는 웃었지만
기사의 웃음은 여자를 걱정시켰습니다.

여자의 눈물보다 값진 건 없었습니다.

나무 라디오 속 흐르던 음악이 구슬이 된 눈물을
보자기에 담아서
목록을 보내주길 바랬답니다.

수없이…

바랬어요…

필요한 게 뭐냐고요…

* 성불 : 깨달음에 이르러 부처가 되는 것
* 보목수 : 보, 목록 : li(리)st, 수. 즉 보리수 : 불교에서 범어로 마음을 깨쳐준다 한다.

다섯 번째 태양 I
죽는다는 말 금지

"보이지 않는다고
표현을 못하는 건 아니잖아요."

"느껴져요."
나무에 빨간 리본을 달았던 그 순간

험…
누군가의 헛기침이 있었습니다.
회전목마를 타는 모습을 볼 수 있을진 모르겠지만
사진은 볼 수 있겠죠.

초를 켰을 때는
신성한 마음으로
성스럽게 했죠.

직접 보는 게 아니더라도
원 없이 쳐다볼 순 있겠죠.

"세상이 놀랄 거야…
그러니
호리병에 사탕을 담아줘요.

솔직히 자신이 없어요.

그래서 많은 사람들에게 인사를 해야 했어요."

코하고 잠든 아이를 본 베이지색 모자는
호리병 안을 보더니 거인에게 말했습니다.
그곳에선 짜증을 내던 장발장과
고양이의 말을 들은 친구들이
피아노를 치고 있었습니다.

그곳은 천사들의 세상이었습니다.

* 보험회사 직원 : 아빠의 이전 직업

다섯 번째 태양 II
긍정적으로 생각하기

모두가 알고 있었습니다.
거인 옆에 있었던 건 하녀라는걸.

무릎에 뉘어 모유를 주던 아이를 위해
무릎을 꿇고 울면서
한 번만 안아보게 해달라고 했단다…
모든 건 엄마 혼자 했단다.

용병이 네모난 상자 속으로 들어가
치료자로 일을 했던 건
용병의 또 다른 인간관계였단다.

목소리가 이뻤던 아이의 울음소리는 축복이었고
아이와 함께 있을 당시 기억 또한 축복이었단다.

"여왕님, 저는 봄이 되면 꽃을 보러 가고 싶고요.
여름이면 햇빛을 쬐고 싶고요.
가을이면 단풍을 보러 갈 거고,
겨울이면 눈 내리는 걸 같이 보고 싶어요."

"왜냐면 여왕님과는

단지 밤하늘에 떠 있는 달을 보는
여왕님의 눈동자만 본 게 다였으니까요."

"여자의 목소리나 남자의 목소리가
여왕님을 괴롭힐 때
울면서 절 안아준 게 다였으니까요."

"제가 발차기를 한 건 공놀이였죠."

여섯 번째 태양 I
돈 있대요?

그저 액세서리로만 느꼈던 건
거인인데 왜 공주는 벌을 받아야 하는 걸까요.
그럼에도 불구하고
공주는 거인을 그리워합니다.

작은 공주가 볼모였으니까…

누군가의 성취를 위해선
성공을 위해선
가고자 하는 길에 도착하기 위해선
끝없는 반복과
그 반복 안에서 즐거움을 느껴야 하며

일탈하고자 하는 욕구와
쾌락하고자 하는 욕구를 멈춰야 하고
그 어떤 특수한 여행이나 해방 또한 참아야 한단다.
그래야 만족을 느낄 수 있단다.

이용당하기 쉬운 어린 나이
네 옆에 있는 기사를 믿어라…

하나부터 열까지 다 챙겨주고 싶단다…

21. THE WORLD (R) 성취, 성공, 도착, 반복, 즐거움 (UR) 일탈, 외도, 쾌락, 해방, 특수한, 여행

여섯 번째 태양 II
오래 걸릴 거 같아서

금으로 만들어졌던 건
강아지 조각상도 아니었고

경치가 이뻤다던
카페를 같이 보러 가는 것도 아니었고,
모든 건 마음이 만들어낸다 했습니다.

거미가 만든 거미줄을
이쁘다고 말할 수 있었으면 좋겠습니다.

함께 거닐 수 있는
정원이 보이지 않더라도
마음속에 숨어있었으면 좋겠습니다.

"아침이슬이 내린 후 보는
거미줄은 참 이쁘지요?"

강은 알려주지 않았습니다.
대답하지 않았습니다.
경계선에 갇혀서 강은 잠들게 되었습니다.

"난 널 신뢰하지 않아."

이 말만 남긴 채 말이죠.

* 금강경의 사구게 : 이 세상에 만들어지고 보여지고 느껴지는 모든 법칙들은 결국 꿈같고 신기루 같고 물거품이나 그림자 같을 때 이슬 같기도 하며 번개 같기도 합니다. 마땅히 이와 같이 모든 법칙들을 관찰하세요.

일곱 번째 태양 I

일하는 중인데

오렌지 마멀레이드에 바른 식빵 하나
땅콩잼에 바른 빵 합쳐서 두 쪽
같이 먹었다네.

"짝꾸작 마자."

이것 또한 함께했던 순간을
기억하고 싶었던 노래입니다.

거인의 흔적이 남아있었습니다.
거인이 그림을 그리면
기사는 여자에게 스티커를 주었습니다.

생각 공장의 음악이 바뀌었네요.

혼돈을 좋아했던 건 거인이었습니다.
아니 거인이 아니었습니다.
남자라 불리운 자였습니다.
아니 그저 도깨비라 불리운 자였습니다.

* 짝꾸작 마자 : 함께 중얼거리던 주문

일곱 번째 태양 II
지 잘못인 거 같은데

"보이지 않는다면서요?
스트레스 받을까봐…
이야기를 해줬던 거예요."

관을 열어서
세상을 놀라게 해준다며
음악을 들려줄 거라던 말을 한
보석함 안에 든 자스민이라 불리운 소녀를
살리고 싶었던 할아버지는

감나무를 보자마자
"홍시 한 알 먹어도 될까요?"라며
아주머니의 응답을 기다렸고
사빈이란 예(레)쁜 아이를 다시 만나고 싶어 했습니다.

"그래서 난
그 아이의 생일날 말했지."

"이쁘다."

할아버지가 말했습니다.

"그날 신발에 꽃을 달아 선물을 했던 날
왠지 그 말을 하면
그 아이가 태어날 거 같아서
하지 않으려 했는데 말하고 말았어.
우리 집에 있던 하녀는 늘 나에게 신발을 선물했었지."

* 보이스(이야기)톡 : 카카오톡의 무료통화 서비스
* 관세음보살 : 눈으로 보이거나 귀로 들리거나 만져지거나 하지 않고, 만일 보이거나 들리거나 만져진다면 악마의 장난이라고 했단다.
* 감응사례 : 기도했는데 꿈으로 관세음보살이 나와서 뭐라 뭐라 말해준다거나 하는 거란다. 응답을 느낀 사례라는 뜻인데 기독교 신앙체험이랑 같은 거란다. 그냥 착각이란다.
4. THE EMPEROR (R) 할아버지

여덟 번째 태양 I

죽은 자들이 가는 곳

보잘것없어 보여도 현명한 자는
보여지지 않는 것 또한
살랑살랑거리는 바람이 있다면 느껴질 수 있다 했습니다.

문을 열어보면 수영을 잘하는 아이와
보통 아이들과 즐겁게 이야기 나누는 아이와
살이 너무 마르지도 않고, 적당한 아이가 있었습니다.

지금은 그냥
장거리 연애라고 생각하려고요.
경떼기라고 불러주던 날은
그리고 다시 돌아오지 않는 날이 되었답니다.

* 보현보살 : 석가모니 10대 제자 중 석가모니 오른쪽에 앉아있는 보살
* 문수보살 : 석가모니 10대 제자 중 왼쪽에 앉아있는 보살
* 지장경 : 자식을 위한 불경
* 떼기 : 엄마가 자주 했던 외계어

여덟 번째 태양 II

애 뺏기지 말라 했잖아요

겉의식과 중간의식이 싸웁니다.
그저 액세서리로만 느꼈던 건 거인인데
왜 공주는 벌을 받아야 하는 걸까요?

그럼에도 불구하고
공주는 거인을 그리워합니다.

어린아이의 붉은 볼을 떠올리며
모닥불 앞에서 미소를 지어보기도 하고
초를 사서 흔들리는 촛불을 보며
기도를 하기도 했습니다.

모닥불 앞에서 후라이팬을 가지고
요리를 하는 상상도 해보았습니다.
그리고 나면 수줍었습니다.

여자는 작은 새 한 마리를 보더니
풀이 흔들리는 모습을 보고 웃었고,
여기저기 덩굴과 잡초가 둘러싸인 곳에 앉아
꽃을 찾고 있었답니다.
좀 이기적인가요?

나무가 막대기가 되고,
그 막대기가 교편이 되어
누군갈 가르치는 선생님이 될지 의문이지만뇨.

반짝이고 번뜩이는 아이디어와 거짓말,
그리고 생각들이 조그마한 금속에 얹어
보석이 될지 아님 도끼가 될지
알 수 없는 거처럼뇨.

그래도 꿈은 꿀 수 있는 거잖아요.
그렇죠?

* F1 : 겉의식
* F2 : 중간의식
* 정화의 물상 : 어린아이의 붉은 볼, 모닥불, 미소, 초, 수줍음
* 갑목의 물상 : 나무, 막대기, 교편, 선생님
* 을목의 물상 : 여자, 작은 새, 풀, 덩굴, 잡초, 꽃
* 신금의 물상 : 반짝이고 번뜩이는 아이디어, 거짓말, 조그마한 금속, 보석
* 경금의 물상 : 도끼

아홉 번째 태양 I
애 보여달라 그래요

"요즘도 맞고 사는 사람이 있어?"
라는 질문에
여잔 대답했어요.

"애 데리고 도망가는 사람도 있는걸요."

"수를 세는 게 지쳐 이젠
미안하단 말만 하곤 해요.
얼마 전엔 산에 다녀왔어요."

"이런 일기 따위가 도움이 될까?"

"염치가 있어도 되는 게 너에 대한 내 존재지.
부친의 부재는 나에겐 힘이지.
이젠 4명의 제사를 치르지 않는 게
나에겐 복이지…"

여자는 작은 공주가 노래를 불러주길
바라는 마음으로 노래를 불렀고
여자의 옆엔 추억을 훼손하고 싶지 않다며
상자를 옮겼던 원숭이가 있었어요.

그리고 여자의 일기에 답을 했답니다.

"자신을 제어하지 못하면
그 누구도 제어하지 못해."

* 수미산 : 불교의 우주관에서 나온 세계의 중심에 있다고 하는 상상의 산
* 염부제 : 인도 신화에서 수미산의 사방에 위치한 네 육지 중 남쪽에 위치한 육지를 가리키는 불교용어

아홉 번째 태양 II

"유튜브 하던데요?"

게임이 그렇게 좋았을까?
회사가 좋았을까?
직원이 좋았을까?
'모든 게 환상이었길.'

별가루를 들고 다니던 거인은 이제 없었습니다.

수화기 너머로 들리는 목소리는
다른 사람이었습니다.

"난 조금씩 힘들었던 거 같아.
한숨이 웃음으로 들렸죠."

"이루어지기 힘든 사랑인 걸 알기에
자기애에 빠지게 된 걸까요?
자기애에 빠지게 되다 보니
누군갈 사랑하기 힘든 상황만 반복되는 걸까요?
그리스 로마 신화에 나온
나르키소스와 요정 에코 이야기가 제 이야기 같네요."

* 게임회사 직원 : 아빠의 이전 직업
18. THE MOON (R) 환상

열 번째 태양 I
내 말 안 들어서 그런 거 알죠?

거짓말을 하지 않았는데도 했다고 하니까
반하지 않은 상대에게
성의를 다해 반한 척 연기를 했고,
그럴 때마다
문을 박차고 나가고 싶었지만 돌아왔어…

그래 코하고 잠든 로봇도 아닌
나의 또 다른 분신인
너에게 하고 싶었던 말은
떨어져 있어서 안전하다는 거야…

공주는 말했습니다.

"난 작은 공주를 지키는 게 좋아.
붉은 용이 사는 성으론 다시 안 갈 거야."

거대한 물 위에 있던 쥐가 물었습니다.

"공주는 어디로 가요?"

"벽에 많은 별이 박혀있는 곳으로 간다면

정말 원치 않는 성공을 하게 되겠네요.
헌법 책이 있는 곳을 갑니다."

"좋아요."

"같이."

* 코로나19 : 코로나 바이러스(CoV)는 사람과 다양한 동물에 감염될 수 있는 바이러스

열 번째 태양 II

왜 싫어하는지 몰라요?

치유가 허용되지 않았던
그곳은 감옥이었지만
엄지공주가 있어서 행복했고,
괴물의 머리를 쓸어넘긴 소녀는
두 번째 질문을 했습니다.

"노란색 별을 담으려면
상자가 몇 개나 필요할까요?"

공주를 그리워한 기사가
수없이 말했어요.

"그 사람은 아니에요.
도리를 지키지 않았습니다.
사리분별을 정확히 하세요.
범에게 또 잡아먹히기 전에 도망치세요."

"선 넘지 말아요."
공주가 말했습니다.

그리고

공주는 양이 좋다고 했습니다.

"너무 넘치기 때문에
날 싫어하는 거죠."

16. THE TOWER (UR) 감옥
* 기사 : 페이지
* 공수도 사범 : 아빠의 이전 직업
* 공양 : 불교에서 시주할 물건을 올리는 의식을 지칭하는 용어

열한 번째 태양 I

"여자 잃는 거 아니에요?

곰이 말합니다.
"치사하게도 아직도 안 보여줬죠."

"바라지 마요.
타당한 이유를 대도 그 사람은 애 안 보여줘.
그리고 당신 계속 상처받는다며
샌드백이 없단 핑곌 대세요.
당신은 사실 마녀도 아니잖습니까?"

그 말을 듣던 옆집 아주머니와 공룡이
생각 공장을 나오더니 말합니다.

"오르페우스의 사랑 이야길 좋아했던 아이가 있었어요."

"뱀에 물려 죽은 에우리디케를 구하려고 저승까지 내려간
오르페우스 이야기 말인가요?"
"네."

"그리고 그 아인 한 사람을 만나게 되었고
자기가 그린 그림을 보여주었으며
그 그림을 본 사람은 재능이 아깝다며 벽에 페인트칠을 해주었는데

그 사람 역시 재능이 아까웠답니다."

* 치아바타 샌드위치 : 아빠가 좋아하던 샌드위치
* 훈돈 : 아빠가 좋아했던 중국 음식

열한 번째 태양 II

"애를 때리거나 한 건 아니잖아요."

사슴은 시간을 거슬러 말했습니다.
"바쁜 용에게도 안부를 전해주길 바랍니다."

쟁기를 들고 농사를 짓는 모습보다도
반지를 끼며
짜증을 내더라도
장소나 장치에 구애받지 않고
할 일을 묵묵히 해내는 사람이 되길.

다시 사슴이 말합니다.
손톱을 뜯을 땐 사탕을 손에 쥐어주길
작고 예쁜 손으로 한 번 잡아주길.

천사가 말했습니다.
"상처라는 말을 많이 쓰네요."

* 바쁜 용 : いそがしい 바쁘다
* 이소룡 : 아빠가 좋아하던 영화배우

열두 번째 태양 I
우리가 무슨 사이도 아니고

"시를 한 편 써줘."
거인이 말했습니다.

소녀가 봤던 꿈속에서 남자는
무언갈 추억하고 싶어서가 아닐까?
그렇게 새로운 계약이 성립되었습니다.

"무엇을 갖고 싶니?"
"초록색 행성을 주세요."
"그럼 파란색 열매를 갖다 주렴."

"혼돈을 좋아했던 건 거인이었지,
아니 거인이 아니었지."

"남자라 불리운 자였지."

"아니 그저 도깨비라 불리운 자였지."

하늘에선 물병을 든 여자와
물고기를 든 여자는 노래를 불렀습니다.

양과 황소의 고집을 쌍둥이가 지켜보고 있었습니다.
게는 옆으로 지나갔고
사자는 처녀와 함께하고 싶었지만
천칭을 든 자가 방해했습니다.
전갈은 사수를 따라갔고
염소는 음악이 흐르는 곳으로 갔습니다.

물병자리(1.20~2.18)

물고기자리(2.19~3.20)

양자리(3.21~4.19)

황소자리(4.20~5.20)

쌍둥이자리(5.21~6.21)

게자리(6.22~7.22)

사자자리(7.23~8.22)

처녀자리(8.23~9.23)

천칭자리(9.24~10.22)

전갈자리(10.23~11.22)

사수자리(11.23~12.24)

염소자리(12.25~1.19)

* 행성 : 별, 새로운 세계
* 파란색 열매 : 레돌민(수면제)

열두 번째 태양 Ⅱ

합의이혼하고 왜 같이 살아요?

"지금 그게 중요해요?
장단을 맞출 거면 같이 맞춰야지."

"보호받고 싶었어요.
살짝 바보 흉내를 내고 싶기도 했고요.
자처해서 광대가 되고 싶단 건 아니었어요.
광인보다는 그냥 여행자이고 싶었죠.
언젠가 봤던 키가 작은 엄마처럼뇨…"

먹는 게 어려워 키가 작아졌다던
키가 작은 것만큼
반비례하게 목소리는 커졌다던 여잔
스스로에게 무책임한 채로

혼자가 싫다며
겁이 없다며
용감한 거라며
같은 말을 되뇌었습니다.

사슴 가면을 쓴 신사는 말했습니다.
"날 기대길 바랬는데."

키가 작은 엄마는 말했습니다.
"사슴이 쓰러질까봐 기댈 수가 없었어요."

* 지장보살 : 지옥에서 고통받는 중생들을 구원하는 보살
0. THE FOOL (R) 바보, 광대, 광인, 여행자 (UR) 무책임

열세 번째 태양 I

귀엽긴

괴물의 집엔
작은 요정이 살았습니다.

"너는 내 생명의 연장이니까."
괴물이 말했습니다.

그리고 괴물은 본인이 아끼던
호리병 속 사람들을 마셨습니다.

별이 가득 담긴 액자에 비췄던 건
두 명이 아니었죠.

휴대폰에 든 작은 요정은
서리가 낀 날에도
비가 오는 날이면
스웨덴 하늘은 회색빛으로 물들었다며,
토라를 꺼냈어요.
왕(king)이 되려던 자는
법을 좋아하게 됐겠죠?

회색 볼보를 타고 가던

고양이가 그저 멋있다며
팍하고 쓰러진 고양이를
일으켜 세우기 위해 일어났습니다.

* 두 명 : Two(투)
* 휴대폰(폰)
* 서비스 : 아빠가 소송하고 나서 했던 거.
* 팍쓰(PACS) : 프랑스에서 법적으로 인정되는 결혼 대안제도
* 스토킹 범죄 : 스토킹 범죄의 처벌 및 그 절차에 관한 특례와 스토킹 범죄 피해자에 대한 보호 절차를 규정한 법. 원명칭은 '스토킹 범죄의 처벌 등에 관한 법률'이다.
* 타로카드 : 타로카드의 기원을 알 수가 없으나 이집트의 중동 역사에서 비롯된 거란 설이 가장 신빙성이 있다. 타(Tar)는 길 혹은 법이란 뜻이고, 로(Ro)는 왕 그리고 황제란 뜻이다.

열세 번째 태양 II
새로운 사람도 좀 만나고

수리수리마수리
보자기에 갇혀있는 건
묶이지 않은 작은 공주의
리본이었답니다.

"페이지를 펼쳐주세요.
만족시켜서 제한된 즐거움을 누리는
기쁨을 누리게 해주고 싶었어요.
일탈하지 않게 해방감을 느끼게 해준다는 건
실패하게 되는 거고
결국은 방황하게 될 테니까요."

"급격한 변화를 두려워했던 거죠?
재앙이 닥쳐오면 추락하게 되고
불운이 주는 충격으로
이별하는 게 무서운 건 아니죠?"

"감옥에 감금당한 채로
소통 또한 안 되니까
억지로 빈다고 되는 게 아닌 걸 알듯이
갑갑한 채로 있는 건 당신이 속에서

붕괴 직전이라는 것 또한 잘 알고 있답니다."

* 페이지 : 시종
* 수보리 : 석가의 10대 제자 중 하나. 어려서는 성질이 사나웠으나 출가해서는 늘 선업을 행했다.
21. THE WORLD (R) 만족, 제한된 즐거움, 기쁨 (UR) 일탈, 해방감, 실패, 방황
16. THE TOWER (R) 급격한 변화, 재앙, 추락, 불운, 충격, 이별 (UR) 감금, 소통부재, 억지

열네 번째 태양 I

나도 보고 싶네

기사의 세계관이 궁금합니다.
토끼 가면을 든 신사가 말했습니다.

"최악의 상황은 뭘 잘못했는지 모르는 상태에서 하는 사과죠.
그래서 둘의 암호를 만들었습니다."

'1111'

서로가 서로를 생각하는 시간.

"나뭇잎 한 장이라도 좋아요.
서로 공유할 수 있는 추억이라도 있다면 말이죠.
고지식한 방법을 썼네요."

꽃을 주문했던 건 지식인답게
내가 당신의 선생님이 되기 위한 첫 번째 과제였답니다.

5. THE HIEROPHANT (R) 선생님, 지식인, 중계인, 고지식

열네 번째 태양 II

그 정도면 사회생활 잘한 거예요

"얄밉게도 물에 빠진 꿈을 꿨다 했죠."
"언제나 창문엔 달이 담겼어요."

"계산적으로 계획한 건 아니었을까요?
정의감으로 똘똘 뭉쳐
법적인 어떤 걸 한 건 아니었을까요?"

"더우니까… 햇빛은 비추고 따뜻할 때도 있지만
건조하기도 하고 전등은 밝으니까
혹시 당신 꿈에도 내가 나왔나요?
당신이 수정구슬을 통해서 봤던 건 뭐였을까요?"

'사랑은 그리움이었습니다.'란 말로 대신한 둘은
같은 신발을 신었습니다.
그리고 수정구슬과 여자는 하나였습니다.

11. JUSTICE (R) 계산적, 계획적, 정의감, 법적인
* 병화의 물상 : 더움, 햇빛, 따뜻함, 건조함, 밝음, 전등

열다섯 번째 태양 I

안 무서워요?

사자가 울부짖었습니다.

"왜요?"
변호사가 물었습니다.

"헷갈리게 하지 말고 깨끗이 포기해라."
라고 했던 고양이의 한마디 때문이에요.

선하지도 않은 남자와
선했던 여자는 경계선에 갇혔습니다.

"폭언도 폭력이에요."

여잔 다 듣고 있었어요.
사자는 하늘에서
왕 행세를 했답니다.

"누구의 환생이었을까요?"

'굳이'라고 말했던 그 남자였습니다.
차마 대답을 할 수 없었던 선했던 여자는

선하지도 않은 남자와 또 갇혔습니다.

* 사자후 : 사자가 울부짖는 소리라는 뜻으로 석가의 설법에 모든 악마가 불교에 귀의하였다는 말
* 선남자 : 부처의 가르침을 믿고 선행을 닦는 남자
* 선여자 : 부처의 가르침을 믿고 선행을 닦는 여자
* 사천왕 : 불법을 수호하는 네 명의 외호신을 가리키는 불교용어

열다섯 번째 태양 II

육아일기를 다 읽었어

"넌 병아리라니까."

"자기 엄마에 대한 복수를
왜 나한테 해요?"

한 아이가 왔습니다.
그리고 변호사에겐
호리병이 하루의 끝이 되었습니다.

그 사람의 미소가 오래된
노인이 보여줬던 사진 속엔
오늘의 하루는 어제의 추억으로 남게 되었고,
참새들의 짹짹거림과
소녀가 봤던 꿈속에선
죽기 전 누군가의 마지막 웃음소리가

"짜잔~"

그 공백을 좋은 것들로 채우기 위해
"나에게 주는 선물이었으니까."
라는 말로 대신했던

기억을 하지 못하는 병은

보물상자 안에 툭

병아리에게

노란 옷을 입고

사랑을 가득 담아서

전문가의 모습을 보여달란 말을

숨긴 채 대답했습니다.

* 노란(Natural)
* 사랑(Language)
* 전문가(Processing) : 컴퓨터와 사람의 언어 사이의 상호작용에 대해 연구하는 컴퓨터 과학과 어학의 한 분야

열여섯 번째 태양 I
아니 넌 너무 착해

세계관이 복잡한 자를 만났습니다.

신비한 이야기들이 많은 주머니가 말합니다.
"도구로 이용당한 느낌이에요."

인형을 든 돼지가 말했습니다.
"세상은 많이 달라졌네요."

하얀 고양이가 말했습니다.
"그 소녀가 나였고, 그 여자가 너였어."

부수고 싶어도 부술 수 없다는걸.
처음으로 돌아가고 싶어도 돌아갈 수 없는걸.
사람들의 입에서 그리고 귀에서
무화과나무에서 모두 재판관의 판결을 기다렸습니다.

* 부처 : 깨달음을 얻은 사람

열어섯 번째 태양 II
내가 남편이었으면 애 보여줬을 거예요

두 번째 봄.

"달이 웃고 있네."

그 모습을 본 인어공주는
칼로 왕자의 심장을 찌르면 살 수 있다던
언니들의 말을 무시하고 아픈 길을 택했죠…

오르골은 돌고 있었습니다.

카키색이 어울린다며
네네 대답을 잘했던 아이는
이렇게 오늘도
해가 비쳤다며 꽃 한 송이를 주었답니다.

* 두 번째 봄(SEE) : 두 번째 소송(면접교섭권을 이유로)
* sunny선 : 처음 줬던 꽃…

열여섯 번째 태양 Ⅲ

많은 기대를 받았지

자지 않고 꿈을 꾸길 원했던 건
청을 들어주길 원했던 거였습니다.

레트로를 좋아했던 것 또한
꿈을 꾸길 원했던
토끼 가면을 쓴 신사의 청이었습니다.

"다친 상처를
구슬로 꿰어주세요."

첫 번째 주문이었습니다.

"텔레파시 같은 게 있을까요?"

토끼 가면을 쓴 신사가 말했습니다.

"내가 당신에게 질문을 던졌을 때
당신은 날 살렸어요."

멈춰있던 시간 속에서
대화는 없었습니다.

* 자꿈청 : 자꿈(몽) 청(請) 아빠가 잘 담갔던 청
* 레꿈청 : 레꿈(몽) 청(請) 이것 역시 아빠가 잘 담갔던 청

열일곱 번째 태양 I

비 오네

"마스크 코까지 쓰고."
라고 말하던 나무로 만든 신이 말했습니다.

소녀를 구할 수 있었던 건 그리고
하루를 기다리는 건

나무에 잔가지가 툭

도서관에 갇혔던 공룡을 괴롭혔던 건
수정구슬 안에 있던 여자를 깨는 건

"나는 단지 당신 인생에 들어온 손님이었어.
난 단지 따라다녔던 거뿐이야."라며
꿈속에서 보자는 말을 남겼답니다.

그리고 나무로 만든 신은
마지막으로 소녀의 이마에 글을 새겨줬습니다.

열일곱 번째 태양 Ⅱ
왜 우리 안 믿어요?

소녀가 들고 있던 호리병은 여행을 보내주었습니다.
거인은 소녀가 준 수프를, 기사는 소녀를 기다립니다.

"고소한 향이 났다."

아직 기억하고 있는데…
거인의 질문에 대한
소녀의 가슴 아픈 대답이었습니다.

염치는 있었겠지.
그래서 이쁜 목소리로 라라 노래를 불렀겠지.

대수롭지 않을 거라 생각할 수 있었겠지만
왕처럼 살고 싶었다고 말해준다면 좋았겠지…

* 염라대왕 : 명부의 시왕 중 5번째 왕이다.
* 명부 : 사람이 죽은 뒤에 간다는 영혼의 세계

열여덟 번째 태양 I

주소 알려달라고 해요

"내가 바랬던 건
함께 사는 거였어."

용병을 사랑하지 않은 하녀는
작은 공주를 위해
사랑하는 척 연기하는 삶을
얼마든지 살 수 있었다는 이야기를 듣자

인어공주는 울었고
토끼 가면을 쓴 신사는 꿈속에서 웃었고
다른 차원에선 슬퍼 보인 듯한
미소를 지어 보이며 이 둘을 바라보았대…

인어공주의 눈물보다
값진 건 없었습니다.

알라딘은 같은 책에
같은 페이지를 봤으면 좋겠다 했습니다.

꽃들이 비처럼 내리고
강에서 분수가 나올 때

나는 연꽃을 보았다네.
음악이 흘렀고
그곳은 이슬람 사원 같았지…

* 페이지 : 시종

열여덟 번째 태양 II
여기가 백화점이에요?

토끼는 두 시까지 깨어있었어요.
사자는 마지막으로
소녀의 이마에 글을 새겨줬습니다.

똑똑

누군가의 소망이 간절해
방아쇠가 되어
그저 나이를 셀 수 없던 노인과
괴물이 되어버린 소녀의 이야긴 아니었을까요?
사자와 괴물은 소녀를 위한 기사가 아니었을까요?

사치를 부리는
일(한 명의 사람은)
마음(심)이
분한 마음과
란(난) 소중하단 마음 두 가지가 있었겠죠.

이렇게라도 하지 않으면
한(일) 사람이
마음(심)이 괴로울 거라며

분한 마음을 달래주고자 하여

란(난) 오늘도 현실을 외면한 꿈은 공상이라며

후회가 아니라 그리워하려고 합니다.

고마움으로 채우고

그리움으로 채워도

인생은 모자르니

안 좋은 점과 불편한 점으로

가득 채우면 안 좋다고요.

* 사일심분란 : 입으로 진언을 외거나 불경을 읽거나 해서 집중할 수 있게 되는 것
* 이일심분란 : 명상이나 기도 참선 등으로 집중하게 되는 것
18. THE MOON (UR) 현실 (R) 공상
9. THE HERMIT (UR) 후회

열아홉 번째 태양 I
본인 맨날 우울하잖아. 나도 우울하고

마녀인 척하는 마녀가 아닌 자는
초록색과 주황색의 과일이 뒤섞인 걸
가져다주라 했습니다.

커다란 고양이가 말했습니다.
"절대 뺏기면 안 된다!"

"의미가 없는 게 있을까요?"

'후회하는 건지
후회하는 척하는 건지.'

"그냥 좋아하는 척
연기하는 삶을 사는 게 편해."
마녀인 척하는 마녀가 말했습니다.

30분

소리가 들리지 않아서 슬펐어요.
거리가 멀었지만
신발끈을 꽉 묶고

"칠(일곱) 가지 색깔을 보고 싶었던 거죠?"

그리고 마녀가 되었습니다.

* 칠보 : 불교에서 말하는 일곱 가지 보물

열아홉 번째 태양 II
많이 어려서

사무실은 늘 불이 켜져 있었습니다.
불이 켜지지 않는 감옥이었습니다.

명함은 바뀌어졌습니다.

동쪽으로 가는
티켓을 받기 위해선
계속 걸어야 했습니다.

노란 단풍잎과
연두색 배춧잎을 받기 위해서는

"누군가를 향한 경멸감이었을까요?
왜 사람을 만나지 않아요?"

핍박받은 자와
카드를 들고 있는 자의 대화는
끝났습니다.

현명한 엄마가
모두

양처럼 온순하기만 하면
안 된다는 걸
처음부터 알았으면 좋았을 텐데…

16. THE TOWER (UR) 감옥
* 핍카드 : 슈트를 둘러싼 하나의 이야기

스무 번째 태양 I

맨날 차이고, 맨날 잘리고

갈색과 하얀색을 교묘하게 섞은
기억을 잊지 않았다고 합니다.

달콤한 걸 먹고,
달콤한 꿈을 꾸길 바라는
시공에서의 밤이었습니다.

좋은 걸 기억하고
후회 말고
그리워하라고

과거와
아니라 한 건(불)
눈이 아니었습니다(안).

현재와
세(삼) 가지
하늘(천)도
(대)지도
하늘(천)거리던 분홍색 치마도
(세계)는 그럴 수도 있겠다고 말했습니다.

미래

운명이라 해야겠지.

그것도 인생이라 해야 하고

기운 차리렴.

* 불안 : 모든 법의 참모습을 보는 부처의 눈
* 삼천대천세계 : 고대 인도인의 세계관에서 전 우주를 가리키는 말

스무 번째 태양 II

자신감을 갖고,
세상을 두려워하지 말고 나가세요

"삶이 달콤하단 착각을 선물하고 싶었다."
거인이 말했습니다.

"기회를 놓치면 안 되니까."

소녀는 딸기를 줬고,
색깔마다 의미를 부여했던 건
외딴 나라 풍습이 아니라 했습니다.

거인은 눈물을 흘렸습니다.
거인의 눈물은 회오리가 불러오는 향수가 되었습니다.

"아직은 서로 보기(상) 힘들어요."

(인)사람은 볼 수 있(상)겠지만,
길 (중)간(middle) 즈음에 그(생상) 소녀가 준 딸기는
상냥하단 말과 같다는 뜻이겠죠.

그리고 수도 없이 되뇐
자기 자신에 대한 사랑의 노래였답니다.

"오늘은 기분이 좋아~"

"상꼬마였을 때부터
부른 그 노래는 누가 작곡한 걸까요?"

"그리고 누가 맞았던 걸까요?"

* 회향 : 자기가 닦은 선근 공덕을 다른 중생이나 자기 자신에게 돌림
* 아상 : 일시적으로 모여서 이루어진 자기를 영원한 실체라고 집착하는 것
* 인상 : '나'는 사람이니 지옥취나 축생취와 다르다고 집착하는 견해
* 중생상 : 중생들이 잘못된 소견으로 자기의 몸이 오온이 화합해 생겨난 것이라고 고집하는 견해 (예) 나 같은 중생이 무엇을 하겠는가 하고 스스로 열등감을 갖거나 자신을 과소평가하여 향상하고 발전하지 못하는 것
* 수자상 : 불교에서는 사람은 선천적으로 길든 짧든 간에 일정한 수명을 받았다는 생각

스물한 번째 태양 I

매력이 없어서

모두가 좋아했던 그를
애매하게 축복해주고 싶어 절충하고자 했습니다.

교섭은 없었습니다.
그건 또 하나의 사랑이었습니다.
절제를 알아야 거부를 당하지 않고
저주에 걸리지 않은 채로 모든 게 확실해질 테니까요.

무언갈 잊는다는 건 비겁한 거여서
달은 그리움으로 채우기 위해
오늘도 탄 냄새를 좋아했던 소녀는 마른 빵을
언젠가 욕실에서 봤던
색깔이 이쁜 사탕을 보물함 속에 넣은 뒤에
갈색과 하얀색을 교묘하게 섞은 기억을 잊지 않았다고 합니다.

14. TEMPERANCE (R) 절제, 절충, 교섭, 사랑, 축복, 애매함 (UR) 무절제, 거부, 저주, 확실함

스물한 번째 태양 Ⅱ
힘들게 번 돈인 거 아니까

"석류 한 알 그것도 가짜였죠.
모든 건 마술이었다고 했죠.
네가 나에게 준 건 뭐였죠?"

"쌍둥이같이 생겨서
하늘색 별똥별을 가지고
시골길이라도 고향이라고 불리운 곳에
태어난 곳에 다시 살았으면 해."

그곳은 밤이었습니다.
언제나… 말할 필요도 없고
피에로의 친절과
당근으로 만든 코는
판사가 결정하는 거지
변호사가 결정하는 게 아니라며

하얀 욕조를 팔았던 곳도
사자개라 불린 개도
우리나라 법이 이상하다며
파멜라 콜먼 스미스란 사람을 찾아가
이야기하려고 했습니다.

* 석가모니 : 석가족에서 나온 성자
* 파멜라 콜먼스미스 : 라이더 웨이트라는 타로를 처음 그린 여자

스물두 번째 태양 I
우리들의 끝나지 않은 이야기

"저기 어딘가에
네가 살 집을 찾았어."

소녀의 노랫소리는 누군가의 눈물이 아닐까요?

계속 비가 내렸습니다.
누군가에게 장난은 소녀에게 도움을 주었고,
노인의 부탁은 거절되었고,
한 아이가 왔습니다.

"무서웠어요.
간담이 서늘했죠.
지금도 그렇고요.
옥상으로 도망가고 싶었답니다."

그리고 누군가에겐 호리병이 하루의 끝이었습니다.

* 무간지옥 : 끝없는 고통의 지옥

스물두 번째 태양 II

전화했어요?

불행에 빠지는 건
늘 옆에 있는 사람이었습니다.

호랑이의 아비는
쉽지 않다며 눈을 쳐다보며 말을 했습니다.

"염치가 없다는 게 부모자식 간의 관계이지요."

조그마한 장식품은
아니라 한 것도(佛) 복(보)이고,
법을 지키는 것도 복(보)이고,
승리하는 것도 복(보)이라 하였습니다.

가족의 의미는 그 개념을 다시 설명하기 힘들어서
그냥 식사 한 끼 같이 하는 것이라고 알려주었습니다.

"불 켜진 사무실도 좋고
불이 꺼진 사무실도 좋고."

곁에서 멀어지면
챙겨주기가 힘들다며 말했습니다.

누구의 체면을 지켜줘야 하는 건지 알 수가 없었던 건
운명 가게 안에서 점을 치던 아이가 죽기 전
누군가 크게 웃었던 웃음이 벽을 흔들었다며
무서우니 손에서 멀어지지 않길 바란다며
전등을 켰습니다.

* 범부 : 번뇌에 얽매여 생사에 초월하지 못하는 사람
* 염불 : 알아차리는 마음
* 불보 : 깨우친 사람들인 부처
* 법보 : 깨우친 사람들의 가르침인 법보
* 승보 : 깨우친 사람들의 가르침을 수행하는 것

스물세 번째 태양 I

인생이 담긴 호리병을 팔아요

노인을 통해 소녀는 어린 시절을 보았고
소녀의 눈물은 수정구슬 안에 갇혀있었고
그곳은 마치 무지개로 가득 찬 방이었습니다.
깨진 유리구슬을 꿰맸던 건 새싹이었습니다.

"당신의 구슬은 뭐예요?"

이 둘은 바뀌었고 부작용이 생겼습니다.
원하지 않는 걸 원하는 건 돌아올 줄 몰랐습니다.

양고기(肉)를 맛있게 먹던 거인의
권리를 지켜주기 위한 건
너구리의 장난이었을까요?

그 장난을 바꿔주기 위해
토끼 가면을 쓴 신사는 화를 냈습니다.

스물세 번째 태양 II

엄마의 위치를 지켜주는 게 뭔데요?
그게 뭐예요?

감정을 표현하기 힘들었으니까요.
그래도 했어요.

울고 있었습니다.
누군 웃고 있었습니다.
그 이면은 정반대였습니다.

맑고 이쁜 목소리로
신호를 보내주세요.

늘 듣고 있습니다.
지켜보고 있단 뜻이었습니다.

후드득 비가 내리는 소리에
그 소리가 좋다며
표현은 서툴렀지만

수치스러운 걸 알고 있는 자의 모습도
오이 꿈을 꿨다던 고양이도
미안하단 말을 듣진 못했지만

크게 신경 쓰진 않는다며
론(loan) 그저 잠시 빌려주는 거라 했습니다.

* 수자상 : 금강경에 나오는 사상 중 하나
* 오미크론 : 코로나 바이러스의 새 변이 이름
* 오이 꿈 : 나경이 태몽

스물네 번째 태양 I
그래도 생활비를 줘야죠

"도착 시간과 장소를 알려주세요."
"벼룩의 간을 스테이크해 드시네요."

기분이 좋았던 점은
바라보기만 해도
바라봤어도
리스트는 계속 반복되었다며
안(眼)(처다보지 않으려 했고)
크레파스를 하나 보더니 이쁘다며
그림을 그리는 소녀와 친구를 하라고 했습니다.

벽에 그려진 이쁜 꽃들이
호랑이가 운영하는 가게에
마녀와
마녀가 아닌 자
마녀인 척하는 자는
지켜볼 거라 했습니다.

달이
빛나있고
누워있고

앉아있고
리본을 단 사슴만 조각처럼…

그렇게 눈사람마냥
상냥하단 말을 들었다고 했습니다.

스물네 번째 태양 II
응원합니다

사람들이 좋아하는 거 같으면서도
싫어하는 거 같은 그 사람은 신기해요.

오래전에 봤던 하얀 강아지도
걱정 속에 한숨을 숨겨둔 거였어요.

"선물해주고 싶다."
"소원을 다 들어주면 소원이 없겠다."

어느 노인에 대한 부탁은
색깔이 다른 눈동자와
악당의 대화가 되었습니다.

더 이상 답이 필요 없었습니다.

스물다섯 번째 태양 I

누가 누굴 걱정해?

빨간 집 대문에 하늘색 음료와 함께
사무실에 가지 못했던 건
턱을 다쳐서
다리를 다쳐서
체력이 안 좋아서
등등의 이유가 아닌

그저 만나고 싶어서
아니 만나기 싫어서
아니 만나면 안 돼서

그래요. 생각 공장에서 여운이
다시 시작되었습니다.

"타로책을 잃어버렸다고요?
음… 갈색과 초록색이 어울리는 집으로 갈래요?
이야기를 들으러 가지요.
솔직하게 말해서
로맨틱한 건
몬지도 모르는 나예요."

스물다섯 번째 태양 II

신기한 사람이에요

잎은 알고 있었습니다.
잎에서 나오는 건 나쁜 것만 나온다는걸요.
궁정에서 컵에 든 물은 막대가 불에 붙은 걸 보고
칼이 공기에 닿으면 땅에서 과실이 나온다며
사막 위에 앉은 왕에게 화장을 해주고 싶어 했어요.
머리(頭)부터 발끝까지.

도저히 어떻게 할지 몰랐던 잎은
이(리)젠 할 수 있겠다며 천천히 할 거라고 했습니다.

* 컵 : 물
* 막대 : 불
* 칼 : 공기
* 땅 : 과실
* 화두 : 참선 수행자가 깨달음을 얻기 위해 문제를 가리키는 불교용어 (말을 던진다)
* 도리천 : 불교의 우주관에서 볼 때 세계의 중심에 있는 수미산(須彌山)의 꼭대기에 있다.

스물여섯 번째 태양 I
음악이라도 듣던가

극적인 즐거움은 아니더라고요.

"빨간 달이네."

나는
투쟁이 싫었으니까요.
다 같이 잘 살길 바랬던 건데
잘 안 됐죠.

"안됐네."

달이 떠 있기에
위를 바라볼 수밖에 없었고,
믿고(信) 싶었어요.
그게 저에겐 힘(力)이었으니까요.

해를 바라보는 건
바라보지 않는 거와 같았죠.

"인간아 인간아."

욕은 할 수 없어서 저렇게 대신했답니다.

함께 있었다면 더 좋았겠죠.
도가 지나쳤다면 미안하지만
서(書)이라도 써주길 바랬어요.
관 속으로 들어가긴 싫었으니까.

육, 칠, 팔
숫자만 세는 왕자를 기다리기 싫어서
구슬을 만든 아이를 생각합니다.
도시가 좋아서 떠난 왕자에겐
매끄러운 나무를 닮은 초콜릿 한 입 먹였습니다.

마음에 들었으니까요.

---

* 극락 : 아미타불이 살고 있는 정토
* 나투다 : 깨달음이나 믿음을 주기 위해 사람들에게 나타내다.
* 위신력 : 부처가 지닌, 헤아릴 수 없는 영묘하고도 불가사의한 힘
* 해탈 : 번뇌의 얽매임에서 풀리고 미혹의 괴로움에서 벗어남.
* 인욕 : 마음을 가라앉혀 온갖 욕됨과 번뇌를 참고 원한을 일으키지 않음
* 육도 : 삼악도와 삼선도를 통틀어 이르는 말. 중생이 선악의 원인에 의하여 윤회하는 여섯 가지의 세계

스물여섯 번째 태양 II
무슨 일 있어요?

더 이야길 듣고 싶기도 합니다.
세 가지(삼) 악행이 뭔지
궁금했던 도둑은
이전에 살던 집은
작은 언니네 집 가구점이 됐다고 했습니다.

세 가지(삼) 선택이 남아있었고
도저히 선택을
혼자 하기 힘들었던 공주는

여왕이 되길 거부하는 건지
아님 부자가 되길 거부하는 건지
이야기를 해주고 싶었다며
꿈속에서 봤던 돌을 찾아달라 했습니다.

"발이 달려있어야
원 없이 갈 수 있을 텐데."

서쪽 땅으로 가고 싶었으나
유유히 떠돌기엔
난 신경 쓰고 있는 게 너무 많았어요.

기량이라고 불리운 이름이 좋았지만

난 너무 부족했죠.

* 삼악도 : 죄악을 범한 결과로 태어나서 고통을 받는 곳으로 지옥, 아귀, 축생을 말한다.
* 삼선도 : 착한 행위를 한 중생이 그 과보를 받는다고 하는 아수라, 인간, 천상의 생존
* 발원 : 불전(佛前)에 소원이 성취되기를 비는 것

스물일곱 번째 태양 I

밥 먹고 있는데

분쟁이 끊이지 않는 곳이었습니다.
이 둘은 바뀌었고,
부작용이 생겼습니다.
그건 잊기 위한 몸부림이었습니다.

후유증 때문에 대화를 많이 하고 싶은 공주는
이야기를 해주고 싶었는데

"자신이 없어요."라며 기도라 말했고,
"제목 알려줄 수 있어요?"라는 청에…

감사
그리고 좋은 생각하기…

"넌 행복해져도 되고 행복할 권리가 있단다."
라고 말을 했습니다.

스물일곱 번째 태양 Ⅱ

"애 언제 보러 가요?"

"숲으로 가자."
"딱 두 곳이 있는데 어디로 갈래?"

어린 저에겐 선택이 늘 어려웠습니다.
자석에 이끌린 것처럼 이끌린 두 사람이 있었습니다.
함께 전차를 탔고 한 사람은 거미를 무서워했습니다.

"과거를 모두 지우길 바랄게."
사슴 가면을 쓴 기사가 말했습니다.

"너의 수호성은 금성이래. 너의 탄생화는 물망초래."

"주소는 모른단다. 소송을 할까봐 두려운 자들이 만들어낸 말도 안 되는 규칙을 지키기 힘들었어."

어리석게도 수정구슬과 함께였던 공주가 말했습니다.
"나도"

* 황소자리의 수호성 : 금성
* 5월 15일 탄생화 : 물망초

스물여덟 번째 태양 I
본인 잘 컸어요

해도 후회 안 해도 후회…
얼떨결에 했던 건 뭐였을까요?

원인
오직 바라는 건
클 수 있길 바랬단다…

결과
스쳐 지나가기만 하면 슬플 테니까
프로필 사진이 아파트였던 건 레디였단다.
왕을 사랑해서 여왕이 해주고 싶었던 거였단다…

드디어 오해가 풀렸네요…

* 오라클 : 신탁 또는 신탁을 말하는 예언자를 뜻함
* 수프레드 : 카드를 펼치는 것
* (레)디 : 준비

스물여덟 번째 태양 II
도와줄게

왕의 코털을 뽑아주는 걸
즐겨 했던 여왕은
호랑이에게 마음을 빼앗겼습니다.

인사를 할 수 없어서
문지방을 들어올 수밖에 없었습니다.
발이 달려있어야
원 없이 갈 수 있을 텐데.

"경우가 없네?"

지나가던 다람쥐가 물었습니다.
그러곤 배를 보더니 인사를 했습니다.

"환경은 중요한 게 아니란다.
감사는 너 자신에게
행복을 줄 수 있으면 되는 거란다.
그거면 된단다."

여왕이 말했습니다.

"비가 내리는 건

틀렸다는 게 아니었단다.

즈려밟을 발이 있다면 얼마든지 올 수 있어."

호랑이가 말했답니다.

* 발원 : 부처나 보살이 중생을 구제하고자 다짐하는 맹세 또는 부처나 보살에게 소원을 비는 것

스물아홉 번째 태양 I
잘 살아주는 게 도와주는 거예요

사랑한다는 말을
다르게 표현했던 거죠.

"보물 보물 보물 보물
예쁜 보물."

노래를 불러줬더니…
작은 공주는 자고 있었고
그 모습을 보는 여잔 불안해했습니다.

바라보기만 해도 된다고 했어요.
식사(밀)도 챙겨주고 싶었습니다.

미묘했습니다.

길냥이라 불리었던
고양이 2마리가
위치가 다른 채로 말이죠.

"그게 뭐예요?"
"내 말 안 들어서 그런 거 알죠?"

고양이 두 마리의 대화였습니다.

* 바라밀(meal) : 어딘가에 도달하는 방법이라는 산스크리트어

스물아홉 번째 태양 II
예뻐지라 그래

"뭐가 그렇게 불안해서 그래?"
"날 잊어버릴까봐…"
"한계란 없어."
"운명인가봐…"

그래서 예라고 대답했어요,
약 먹고 오란 거였을까요…

아니 부담스러워서…
아니 당신은 특별하니까
준비하려고요…

이윤 당신이 소중하니까요…
유혹에 이끌려 중독된 사랑은 속박이었지만
매력적이었고 그건 실패로 인한 고통이었죠.

15. THE DEVIL (R) 유혹, 중독, 속박, 매력적, 실패, 고통

서른 번째 태양 I

그걸 왜 받아? 그거 받으면 애 안 보여줘
자존심을 지켜요

"강해지라는 뜻 아닐까?"

펜을 들어서 엄마가 좋아하는 추억이 담긴
케이크를 그려준 날을 기억합니다.

"네가 좋아하는 사람을 만나렴."

야구를 좋아하는 공주는
차표값을 벌기 위해 애교를 부려야 했고…
여왕은 도시락을 싸고 있었습니다.

"네가 사랑하는 사람을 만나렴."
지나가는 바람이 말했습니다.

다수가 진실을 모르는데 다수결은 의미가 없었습니다.

* 야차 : 모질고 사악한 귀신 중 하나

서른 번째 태양 II

상처 받은 자들이 가는 호텔

운명이 아닌
인연이 있을까요?
여왕의 목소리는
늘 메아리로 울려 퍼졌습니다.

"눈은 마음의 거울이라는데."

"괜찮을 줄 알았지만 지켜야 할 게 있단다.
스쳐 지나가도 괜찮을 거라는 건 위로고
강건해야 한단다."

공장 안에서 여왕이
빨간 모자에게 말했습니다.

옆에 있던 거인은 말했습니다.
"널 버려야 해."

빨간 모자는 말했습니다.
"수수께끼를 내주고 싶어요!"

"도대체 무슨 이야기를 하는 거죠?"

여왕과 거인은 궁금해했습니다.

그렇게 밤이면 세상이 달라졌습니다.

* 갠지스강 : 인도 북부를 흐르는 큰 강으로 힌두교를 믿는 인도인들이 가장 신성하게 여기는 강

30번째 태양을 마치고…

평범한 사람을 만나서 결혼할걸이란 후회는
나조차 평범하지 않은데 무리였다는 걸 너무 잘 알고,
아이가 태어난 축복을 부정하는 거 같아
후회를 차마 할 수 없었습니다.
아인 너무나도 이뻤고 소중했으니까요…

이 책은 엄마의 사랑을 받고 싶었던 소녀에게
"사랑해."라고 말을 해주고 싶었던 엄마가 쓴 한 권의 책이며
누군가의 고통을 함께하며 악연을 끊어주는
변호사님에 대한 감사이며
그와 동시에 방종했던 과거에 대한 사과입니다.

그리고 전남편이 아이를 잘 키워줄 거라 의심하지 않으며
전남편에 대한 수고의 감사를 표현하기 위한 책이랍니다.

모자 대신 귀걸이를 한 여잔 울었습니다.
그 순간 괴물 옆에 있던 아이는 아무 소리를 내지 못했고,
거인이 안고 있던 아이의 눈엔 눈물이 흘러 있었습니다.
거인과 같이 있던 소녀는 웃고 있었지만 울고 있었습니다.

제4부. 구름 이야기

첫 번째 구름 I
뭐라도 해요

"창의력이 떨어지는 거 같아서."
"돈이 부담돼서."

0번 카드를 좋아했던
하얀 가루를 들고 다니던 거인은
저 2가지 이유가 있다고 했어요.

"또 말해줘요."

"당신은 재주꾼이고,
만능인이고,
발표하는 자예요.
그래서 눈에 밟혀요."

"소중한 건 다
어디로 갔는지 모르겠습니다."

하얀 가루를 들고 다니던
거인이 공주에게 말했습니다.

"악연을 끊지 않으면

그에게 끌려가는 인생을 살아야 합니다."

공주를 지켜주던 기사가
하얀 가루를 들고 다니던 거인을 향해 말했습니다.

"그런 기분이 들 거 같아요.
소중한 게 다 어디로 갔을까 하는…"

"내가 듣고 싶은 말을 하네요."
여왕이 기사에게 말했습니다.

1. THE MAGICIAN (R) 재주꾼, 만능인, 발표하는 자
* 소다 : 신물이 자주 오르는 아빠가 늘 갖고 다닌 하얀 가루

첫 번째 구름 II

이러면 나 힘들어요

엄지공주에게 최선의 방법을 찾아서
모든 증거를 넘겨서
살기 좋은 방향으로 만든 건
산딸기 언니의 부탁도 아니었고
거인의 부탁도 아니었고
그저 생각 공장에 갇힌 경떼기라 불린 자였습니다.

신기했던 건
혼잣말로 다 했습니다.
"여비는 있어요?"라고 거인이 물었고,
공주는 거인한테 택시비를 뺏었습니다…

"행복한 이혼녀가 되길 바래요."

거인이 입 밖으로 내지 못했던 한마디였습니다.

첫 번째 구름 Ⅲ

왜 세상에 속하지 말라고 했는지

아직은 빗자루가 좋다며
지붕 위에 있던 고양이가 노래를 불렀어요.
그럴 때마다 왕은 눈물을 흘렸습니다.

프랑스 느낌이 난다며 좋아했던 하얀 모자는
꽃으로 만든 이쁜 시계에 그네를 엮어서
같이 앉고 싶어 했고

빗자루를 타고 같이 하늘을 타고 싶다던 꿈은
흑백의 조화가 담긴 음료가 대신했으며
여름날 이별을 해야 했던 하얀 모자와
고양이의 기억은 한낮의 떠 있는 타원형의 달 앞에서
모두가 사진을 찍기 위해
기린의 집으로 찾아갔던 날을 기억하곤 했다며
"짠~" 하며 음료를 기울인 날을 찰칵 찍고 싶었다고 했습니다.

두 번째 구름 I

커피 한 잔 줄게요

"우리 작은 공주는 꿈에서도 나오는데
길을 찾아 헤맸단다."

그건 여왕의 목소리였습니다.

"빗자루는 자동차가 아니에요.
모든 걸 걸었던 사랑은 지붕 위에 있던 고양이에게
누군가의 꿈은 차마 누구라고 말할 수가 없었고,
인간세계는 더럽다고 했죠."

라디오를 켜며 하얀 가루를 들고 다니던 거인이 말했습니다.

바닷물이 말했습니다.
호리병에 담겨진 노랗고 하얗고 빨간 액체는
평화로우려면 움직動(동)이라 했습니다.

* 인드라 : 고대 인도 신화에 나오는 전쟁의 신

두 번째 구름 Ⅱ

돈 갖고 오라고 해요

대단한 건 아니었지만 세상은 지금도
보고 싶다고 말하던 여잘
살짝 위로해준다며

발단이 뭐였을지 알려주기 위해
심심하다는 이유로
자그마한 부탁이라도 들어주고 싶어 했죠.

"불편한 관계인 건 어쩔 수 없구나."

"없었던 걸로"라는
이 쿠폰도 널 행복하게 해주기 위한 하나의 쿠폰이란다.

* 대세지보살 : 지혜의 빛으로 이 세상의 모든 것을 골고루 비춘다는 뜻
* 발심 : 불도의 깨달음을 얻고 중생을 제도하려는 마음을 일으키는 일

세 번째 구름 I

몇 번이나 말해야 알아들어요?

자스민이라 불리운 공주를 위해
초록 모자와 빨간 모자를 쓴 자들은
동시에 말했습니다.

"조금 더 믿고 싶었던 건 아니었고요?
피고와 원고는."

"터보라이터와 은(슨)반지를 교환한 거죠?"

하얀 모자가 나타났습니다.

"송가를 불러주려고요.
천 가지 비밀이 담긴 책을 위해서
동적인 것과 정적인 것 중
늘 2가지를 걱정하는 친구에게
열 가지도 한 번에 할 수 있는 이유와
효율적인 건 자기 선택에 의한 거니
동요하지 않길 바랬다는 바람까지도 다요."

세 번째 구름 II

조금씩 사회생활을 했으면 좋겠어요

사진은
두 장(two)이었으니까
이(리)렇게라도
같이 나누면 되겠네요.

"별 따다 준다고 할 땐 언제고
작은 공주를 데리고 도망가면 어떡하라는 거야?"

"근거 없는 이야기를 믿어요?"

길을 잃은 기린과 시선이 말했습니다.
음료를 한 잔 마시더니 말했어요.

"조건 없는 사랑이 있을까?"

"아니 사기야.
아니 성희롱이야.
그런 위화감은 답답함을 불러일으키고
그래서 사람들은 일을 해…"

네 번째 구름 I
다 직원이에요

"토스트 하나 해줄게요.
마들렌도 먹을래요?
토라가 오기 전에 먹어요."

작은 공주를 돌본
산딸기 언니는 말했어요.

"세상을 처음 알게 된 거 같아."

"이뻐 보이는 하늘이
칵테일 색깔이 되었을 때
그 순간이 좋았다며
다시 갈 수 없는 그곳을
기다리기 위해 그냥 살기로 했어.
시간이 차츰 바뀌면
거인에 대한 생각도 조금씩 줄어들겠지."

작은 공주가 말했습니다.

"지나고 나니까
좋았던 추억이었네."

표정이 풍부했던 아이가 말했습니다.

* 토라(とら) : 호랑이

네 번째 구름 II

감옥 가요

아주 자그마한 친절이 이 글을 쓰게 했습니다.

초를 켜고
코 가까이 가져가면
파수꾼은 오지 않을 거예요.
이렇게라도 해야 당신이 안정감을 가질 거 같아서
알려주는 거예요.

"당신은 좋은 일로 사람을 만나는 일이 없죠?
멀리 있어도 나와 닮은 거 같아요."

늑대가 말했습니다.

"가시가 많은 선인장은 고통을 드러내는 법이지."

파수꾼이 말했습니다.

다섯 번째 구름 I

나경이는 언제 보러 감?

"그걸 왜 갖다 줘?"

한 여자의 신경질적인 목소린
절도를 저지른 여왕에게 소리쳤습니다.

"몰라요."
"원래 그래요?"
"세 가지(삼) 보물을 가져다주고 싶었어요."
"난 무슨 죄야?"

빨간 모자와 하얀 모자의 대화는
거인이 하고 싶었던 말을 대신했습니다.

거인은 말했어요.
"거길 왜 가?"

모자 대신 귀걸이를 한 여잔 울었습니다.
그 순간 괴물 옆에 있던 아이는 아무 소리를 내지 못했고,
거인이 안고 있던 아이의 눈엔 눈물이 흘러 있었습니다.
거인과 같이 있던 소녀는 웃고 있었지만 울고 있었습니다.

이건 사진에 대한 이야기입니다.

그리고 그 웃고 있던 사진을 본 자는

"슬프지."라고 말하며 사진을 감상했습니다.

* 삼보 : 불교에서 말하는 3가지 보물(부처님, 부처님의 말씀인 경전, 경전을 받들어 배운 승려)

다섯 번째 구름 Ⅱ
돈 줄 거 같아요?

"우리가 같은 음악을 듣는 걸
기억해줬으면 좋겠어."

너와 나를 향한 주문
사나
눈이 늘 반짝였어요.

눈썹에 붙은 하얀 고양이 털도
바로 떼주었답니다.

"눈을 감지 말길."
"아마 평생 잊지 못할 거예요."

천사와 사슴이 말했습니다.

6개월

다람쥐가 나무속에 숨어있었습니다.

여섯 번째 구름 I

내가 말해도 진짜 멋있는 말인 거 같아

ㅋ 하고 웃었던 그의 웃음은 어떤
레디(준비였을까요)
아직이라고 말한 공주의 기다림일까요?
틴틴(팅팅)거린 볼을
보여주고 싶지 않은
공주의 수줍음이었을까요?

이미 늦은 건 알기에
할 수 있는 건
질문밖에 없었어요.

예를 들면
크리스마스에 눈이 올까요?
오늘의 날씨는뇨?

그게 아니면
정말 네가 아니면 난
토끼 가면을 쓴 신사와 연애를 하게 되겠지…

"네가 와.
아님 내려와…"

따위의 이야기들을 들려주기 위해서
멀리 있어도 이상하게 닮은 거 같다는 말이 대신했고
베이지색 모자를 쓴 두 명의 아이는 코가 빨겠습니다.

* 크레아틴 : 에너지 보충제. 우울증을 완화해주는데 부작용으론 체중 증가가 있다.
* 레디(ready) : 준비

여섯 번째 구름 II

엄마의 위치를 지켜주는 게 뭔데요?
엄마의 위치를 지켜주는 게 뭐예요?

누가 보면 치료자가 최선을 다해서
결혼생활을 한 줄 알겠네…

"이건 수줍음이 많아서
짝사랑하고 있는 공주를
어떻게 대해야 할지 몰라 서로 가장하죠…
용병의 체면을 지켜주기 위해."

"대체 원하는 게 뭐예요?"

"어떤 남자가 좋은 거야?"

우리 아빠랑 전남편과는 반대인 평범하면서…
바르게 돈 벌면서 함께 가정을 꾸리고
바람을 피지 않으며 나경일
잘 돌봐줄 수 있는 남자면 됐지…

"본인 얘기는 없네요."
"여전히 치료자 이야길 더 많이 하네요."

천사들이 수군댑니다…

"한 번 더 지나간 버스에서 만난
치료자와 용병에 관련된 이야기를 하면
저 공주를 밧줄로 묶으세요…"

그것은 대천사의 주문이었습니다.

천사들은 공주가 나경이라 불리운 아이나
치료자나 용병 따위로 불리운 사람을
입 밖으로 내뱉는 순간이 찾아올 때마다
수명이 줄어들 거라며 빨간 줄로 경고 체크를 했습니다…

알잖아요… 양육권이라는 거…

* 거짓말 : 치료자에게 인정받고 싶은 심리죠.
* 이간질 : 좋아하는 척 연기하는 삶이 편하다 말해요.
* 협박 : 안 그럼 가난한 삶을 살게 될 거예요.

너무 미안했어요,
날 도와주려 했던 그들을…
같은 편이라 했던 그들의 말을 듣지 않고
자의적으로 내린 결론 때문에
그들이 나를 향한 노력을
내가 스스로 물거품으로 만든 거 같아서…

그래서 난 늘
선택을 하지 못하고
거절을 하지 못하고
질문을 하지 못하고
입을 닫고
귀를 닫고
살 수밖에 없었어요…

그게 내 자신에 대한 속죄였어요…

나에게 베풀어준 친절이 너무 좋아서…
그래서 난 받으면 안 되는 전화에 설렜고
출처를 알지 못하는 돈을 손에 쥐어든 채
어디로 가야 할지 몰라
시키는 대로 할 수밖에 없었어요…

조금은 알고 있었죠.
그래서 울면서 전해달라고 했어요,
제가 정말 죄송하다고 말이에요.

여섯 번째 구름 Ⅲ

또 멍 때리냐?

누군가의 꿈은 차마 누구라고 말할 수 없는
신이라 불리운 존재가 됐습니다.

"미래는 누구도 알 수 없는 거야."
"의도가 뭘까요?"

모든 걸 걸었던 사랑은
팔자가 사납단 말이 대신했고
각(学生, がくせい) 학생이라고 했습니다.

"받지 말아야 할 돈을 받은 건 누구였을까요?"

조그마한 연정이라도 남아있다면
소원을 들어준다는 여우가 도와줬으면 좋겠습니다.

일곱 번째 구름 I

자기 자신을 통제하지 못하면
그 누구도 통제하지 못해

인연이라 했던 옆집은
눈물이 쉬는 약이었고
피로 물들었던 주문은
누군가에게 속삭여주기 위한 주문이 아니었을까.

"그게 답이었단다."
돼지가 말했습니다.

"끊임없는 반복."
법원에서 누군가의 키득거리는 웃음은
이렇게 말하는 거 같았습니다.

"만약 합의이혼하고 같이 사는 미래라면
나영이라는 아이를 한 명 더 낳고
여왕은 나영일 데리고 도망갔을 거예요."

일곱 번째 구름 II

그래야 빨리 잊지

생각이 달아나기 전에 글을 써야 했죠.
나가라고 했던 건 바라보고 있었단 뜻이었습니다.

노부부가 들려준 비밀이야기를 엿들은 호랑이는
아이를 데려가기로 했고,
그걸 못마땅해한 닭은 그 호랑이를 잡으려 했습니다.

과거를 미래의 현실로 바꾸기 위해
당신의 명령을 따르고 싶었습니다.

당신을 향한 작은 배려가 말합니다.
"우연이라도 놓치기 싫었으니까…"

이름조차 까먹어 마술이라고 불리운 곳으로밖에
볼 수 없었지만 동쪽에 사는 왕도
그와 피가 섞인 자를 과거가 겹쳤기에 만난 거라며
이유는 중요하지 않다고 말했습니다.

여덟 번째 구름 I

본인의 가치는 본인이 정하는 거니까

"인연을 끊는 건 그 사람을 돕는 길이었습니다."
변호사가 말했습니다.

"사랑에 빠지고 싶다고 말한 약은
우연히라도 놓치기 싫었으니까."라며
거인을 또다시 바다에 빠뜨렸습니다.

거인의 의심 많음이 여자를
잃어버릴까 하는 불안과 염려가 되었다며
둘은 잔잔한 파도 같은 인생에
진실을 묻었습니다.

* 변호사 : 법률에 규정된 자격을 가지고 소송 당사자의 의뢰 또는 법원의 선임(選任)에 따라, 소송 사무나 기타 일반 법률 사무를 행하는 것을 업으로 하는 사람

여덟 번째 구름 II

다음엔 밥 먹고 오지 마요

"서로에게 잘해주는 게
울어주는 거 말곤 없었으니까.
대단한 건 아니더라도 기도하고 있었어요.
학창 시절이 행복하길
교육을 잘 받길 말이에요.
미리 이야기하지 못해 미안해요.
술은 즐겨 마시지 않았으면 좋겠어요.
관악산은 끝까지 갔으면 좋겠어요."

"내가 그 사람을 좋아했던 거요?
그 사람이 먼저 좋아한다고 했으니까.
근데 실은 내가 먼저 좋아했어요."

"너한테 하는 말이야…"

아홉 번째 구름 I

다이어트해야죠. 나이 먹어서

"좀 더 나은 호리병을 고르기 위해
애를 썼던 건 아닐까요?"

그러곤 수달은
호수 속에 언어를 묻었습니다.

"남쪽 나라에서 사는 게 창피할까봐."

석(돌) 뒤에 숨었던 거죠?
촌이라고 생각하진 않을까 겁이 났나요?
호리병을 숨겼던 이유는
수호천사가 뺏어갈까봐 숨긴 거였나요?

아님 작은 공주를
또 뺏길까봐 겁이 났던 건가요?
아님 또 다른 작은 공주가
그저 그러지 않았냐고
나타날까봐 무서웠던 건가요?

"이유가 중요해요?
빨리 음악을 틀어주세요."

이렇게 그 아인
악기를 다루게 되겠네요.

"처음 그 아이를 본 날
그 아인 전화기 장난감을 가지고 놀았어요.
나에게 전화를 해주길 바랬습니다."

토끼 가면을 쓴 신사에게
하얀 모자가 말했습니다.

아홉 번째 구름 II

본인 의견이 그렇다면야

남쪽 나라는 어때요?
산을 같이 갈 수도 있고
서쪽을 향해 드라이브를 할 수도 있어요.

울고 싶다면 안아주기 쿠폰을 줄게요.
타조처럼 뛰어가서 줄게요.
워리(warry)하지 말고요.

덧붙여서 하고 싶었던 말은…
현재에 집중하길 바란단다.
생각을 부디 멈추길 바란다.

네가 놓쳐버리고 있는 것들을 찾길 바래서
칼을 든 자는 눈에 보이지 않아도 느껴진다 했죠.

검을 7개 쥐어진 자는
뒤에서 몰래
뭔갈 했다는 용병의 말에 하녀는
딱히 뭔갈 한 건 없는데
바람 한 번 쐤고,
대화 한 번 한 게 단데라며(SEVEN of SWORDS)

칼 하날 더 가지고 스스로를 속박했어요. (EIGHT of SWORDS)

어린아인 검을 하나 더 선물했고,
하녀에서 소녀가 된 자는
불면증에 시달리게 됐어요. (NINE of SWORDS)

용병이 키우던 고양이가
소녀가 여자가 되길 바라는 마음으로
선물한 또 하나의 칼자루를 통해
여자는 갈림길에 서게 됐습니다. (TEN of SWORDS)

여자를 지켜주고자 나타난 자는
땅을 밟고 공기를 가로지르며 칼을 들었죠.

"신중해야 해요."
(PAGE of SWORDS)

* 워리(worry) : 걱정
* 현생 : 전생에 지은 바를 현생에 다시 짓는 것

열 번째 구름 I

만났어요, 나경이?

머리가 하얀 꼬마는 말했습니다.

"눈이 아팠어요, 그래서
의식하지 않으려 했었는데
여자였으니까
왕처럼 굴기보단 양보해주고 싶었어요."

"지적으로 보이면 좋아할까요?
인간적으로 보이면 좋아할까요?"

"백 가지 이야기면 될까요?
조금만이라도 괜찮으니
나에게 시간을 내줄 수 있을까요?
의리를 끝까지 지키는 친한 친구로 남고 싶었어요.
호리병에 사랑을 가득 담아서
수없이 당신을 생각하고 있다고,
남들이 웃을지언정 끝없이 납득시키고 싶었어요."

열 번째 구름 II
왜 우리 괴롭혀요?

하얀 고양이가
말했어요.

"저 공주를 작은 공주와 함께하기 위해서는
세 가지 조건이 필요해."

"주소를 절대 알려주지 말 것
정신과 치료를 받을 것
19살 때 정신과 상담 이력을 받은 걸 가져올 것
그게 아님 1년 동안 절대 보지 말게 해."

"알겠어?"

용병은 소리 질렀어요.
그리고 3개월로 줄여달라 했죠.
조건은 양육권과 친권을 넘기는 거였죠.

어리석게도 그렇게까지밖에
설득을 할 수 없었다고 했습니다…

모든 잘못을 공주에게

뒤집어씌우게 해야 했어요.

토끼 가면을 쓴 신사가
사슴 가면으로 가면을 바꿨습니다.
그는 모든 걸 알고 있었습니다.

열한 번째 구름 I
치열하게

눈이 오는 날
사슴 가면을 쓴 신사가
가볍게 말했던 건
단순한 애정이었답니다.

"첫눈이다."
"어디, 없는데?"
"여긴 있어요."

쓸쓸한 대화였습니다.

바라보기 위해선 멈춰야 했어요.
화를 낼 수가 없었답니다.

해치지 않았으니까
혹은 해친 적이 없었으니까
권리를 스스로 포기한 자였으니까
고집이 세다는 걸 알고 있었으니까
결정장애가 있다는 걸 알고 있었으니까
정이 많은 자라는 걸 알고 있었으니까.

그러곤 코를 두 번 두드렸습니다.

코를 두 번 두드리는 건

안다는 뜻이었답니다.

* 화해권고결정 : 소송의 양 당사자가 서로 양보하여 타협에 이르는 화해가 이루어지지 않는 경우 법원이 나름대로 공평하다고 인정되는 절충점을 양 당사자에게 일방적으로 제시하는 일

열한 번째 구름 II

운전이라도 시키려 했더니

이유를 계속 물었던 건
사슴 가면을 쓴 신사였습니다.

"각자 있는 곳에서 최선을 다해요."

"하지만 보고 싶은걸요."

"자기 자신을 소중하게 여겨요.
그걸 셀프 테라피라고 해요, 부탁이에요."

"법칙을 만들었으면 좋았을 텐데라는
아쉬움이 남아요.
하지만 그러지 못했죠."

"하소연하면 뭐해요."
라고 말한 사슴 가면을 쓴 신사는 속으로 생각합니다.

'서로에게 관심이
없었던 건 아니었을까…'

"관심을 둘 수가 없었죠…"

'여자가 내 속마음을 읽은 건가…'

"혹시 나에게서 불길한 느낌 들어요?"

"네, 그래서 만난 거잖아요. 둘 다."

* 각하 : 행정법상으로 행정기관이 신청서, 원서, 신고서, 심판청구서 등의 수리를 거절하는 행정처분

열두 번째 구름 I

알아요. 뭐라도 해보려고 그런 거잖아요

"일반적으로 생각해봐야죠.
체력도 중요하고
유모차를 사용하는 것도
중요하지만
심각하게 생각하지 않았어요.
조직을 생각 안 하고
따로 생각했던 게 문제라면 문젤까요?"

"그래서 그 책을 준 거죠?"

"가장 친절한 타로."

허를 찌르는 한마디에
약하지 않은 그는
체벌엔 대가가 있다고 했습니다.

그리고 질서를 지키며
살라 했습니다.

여자가 말했습니다.
"사람은 동등하다고 배웠습니다."

* 가장 친절한 타로 : 타로 서적
* 허약체질 : 기력이 튼튼하지 못하고 약한 체질
* 일체유심조 : 모든 것은 오로지 마음이 지어내는 것임을 뜻하는 불교용어

열두 번째 구름 II
귀찮으라고

"알레르기 있어요."
이건 위안이었습니다.

"이래 살다가 죽겠지."
거인이 말했습니다.

판례를 다시 살펴보길 바랬습니다.
의뢰인을 위해서 애썼습니다.

그리고 엄마라 불리운 자는
그 아이가 판사가 되길 바랬다고 했습니다.

"사유하는 게 어려웠던 거죠?
이렇게 당신이 겁이 많고
우유부단한 사람인 줄 몰랐어요.
비가 내리는 날 우산을 줬던 건
이제 그만 울길 바래서 줬던 거였어요."

교수님이 말했답니다.
"주장을 잘했으면 좋겠어요."

준수한 당신이
비슷하게라도
서술해준다면 좋겠지만 그럴
면(얼굴)을 가지고 있지 않은 것 또한 알고 있어요.

내 아이 역시 당신처럼
다양한 가면을 썼으면 했어요.
당신과 닮은 내 아이.

* 판례 : 재판에 있어서의 선례
* 의뢰인 : 고객
* 준비서면 : 변론하고자 하는 내용을 적어 법원에 제출하는 문서
* 사이비 교주 : 겉으론 비슷하나 본질은 완전히 다른 가짜 교주

열세 번째 구름 I
엄마한테 그러면 안 되죠

이유를 계속 물었던 건
사슴이었습니다.

플루트와 바이올린 소리를 들었던
(란)난
다람쥐였습니다.

스치듯 부는 바람은
재즈가 좋아했던 장화신은 고양이였습니다.
의리를 지키고 싶었다고 말했던 건 구름이었습니다.

"개념이 없었네요.
이씨 성을 가진 하얀 고양이 안아줄게요,
미안해요, 당신 가슴속에 박힌 말들
네모난 화면 속에서 내가 보고 있었어요.
나도 듣고 있었어요.
커서 꼭 복수해줄게요."라고 말했답니다.

예술을 좋아했던 건
가지 말라고 말했던 엄마였어요.
다만 체크하지 못했어요.

프로필 사진이 아파트였던 건
이혼 결정을 미루고
아빠에게 해주고 싶었던 선물이었답니다.

이제 오해가 풀렸을까요…

열세 번째 구름 Ⅱ

정신 차리고

"네."라고 대답했다고 들었습니다.
저 또한 졸릴 땐 자길 바랬습니다.

오늘의 법률은 이거예요
10시 이후엔 전활 받지 마세요.
그 어떤 연락도 성이 다르다면
연락을 주고받지 마세요.

질투하는 자가 생길 거예요.
여왕은 덧붙여서 말했어요.

"왕이 혼낼 땐 저에게 기대세요."

* 법률 : 법 가운데 입법부인 국회에서 만든 것

열네 번째 구름 I

알아요. 챙겨줄 사람 필요해서 그런 거잖아요

하얀 가루를 들고 다니던 거인이 좋아했던 곳은
제가 잘 모르는 곳이었어요.
주로
도깨비가 나올 만한 곳이었어요.

"숨어있지 말고 나와요."

네가 진실을 알았으면 했어.
그래서 난 노래를 불렀고 넌 나에게
"노래를 불러줘서 고마워요."
라고 말했던 걸 난 기억해.

그리고 하고 싶은 말은

"내가 본 모든 꽃이 너야."
"난 궁전 안에 들어가 있었어."

실은 죽어가고 있었단다.

열네 번째 구름 II

나는 거인이 됐습니다
나도 누구에게 말하지 못할 비밀이 있어요

거인의 입장은 너무 당연한 거라
생각했어서 그랬다 했어요.

그래서 작은 공주에게 시간을 주었죠.

"6개월이요."

그럼 나와 같은 동굴에 있을 수 있어요.
전 뭘 하면 될까요? 명령을 내려주세요.
생각 많이 하지 말고.
내 말을 들어요.
생각 많이 하지 말고.

"말괄량이, 걱정돼서 그래요."

* 전생 : 현생에 태어나기 이전의 세상
* 내생 : 죽은 뒤에 생애

열다섯 번째 구름 I

그래요, 다 가진 것처럼 보이지만
행복해 보이지 않은 거인이 바로 나예요

아마 하늘은 알고 있을 텐데
여자가 다칠 때마다 엄지공주는 모른 척했습니다.

"난 누구도 의지하지 않아."
"빚이 많네."

엄지공주가 말했습니다.
가볍게 말했던 건 단순한 애정이었답니다.

언어의 마술사가 말했습니다.
"호리병을 들고 다니던 여자도 있던데 무슨 사이예요?"

"내 장례식장엔 와요."
사슴 가면을 쓴 신사가 말했습니다.

"좋아요. 무덤에 꽃 한 송이 놓을게요.
대신 천천히 죽어요."

열다섯 번째 구름 Ⅱ
아직도 군밤 파나?

지붕 위에 있는 고양이를 보는 게
섭섭해하지 않길 바랬습니다.
아니 섭섭해도 괜찮다 했습니다.
천지가 흔들렸거든뇨.

하얀 가루를 들고 다니던 거인이 말했습니다.

"활력을 가지고 걷길 바랬는데
권리를 마땅히 지키라고 했잖아요."

그래서 거인은 하늘을 보더니
날아다니는 새를 보곤 미소를 지어 보였답니다.

"우리는 바로 새가 되고 싶었던 거였습니다."
라는 말을 남기고 말입니다.

"친하지도 않으면서"
"정말요?"

* 우바새 : 남자 재가신도를 이르는 말

열여섯 번째 구름 I

능력 없는 직원은 필요 없어요

"좋게 말할 수 있는데
그러지 않았던 게 문제였던 거죠?"
사슴 가면을 쓴 신사가 말했습니다.
그래서 여왕은 구슬을 보여줬습니다.

"게을러지지 마세요.
게으른 부자는 없어요."

"불법은 하지 말고
행동하기 전에 생각하고
위험한 일은 하지 말고."

"내 몸에 그 사람의 피가 섞여 있다는 게 무서워요."

"그 말을 들으니 당신 피를 먹고 싶네요.
유전자가 호환되면 똑똑해질 텐데
나에게 당신 피를 줄 수 있을까요?"

"네."

"고마워요."

이게 첫 번째 시험이었습니다.

이렇게 사슴 가면을 쓴 신사와
공주는 가족이 되었습니다.

* 사구게 : 고대 인도시의 한 형식
* 불법행위 : 손해배상 책임을 발생하게 하는 원인행위를 말한다.

열여섯 번째 구름 II

나는 안 쉬어요?

바보가 자유를 위해 무책임하게 행동했을 때
마법사는 바보를 지키기 위해 선언했지만
실은 우유부단했습니다.

수녀는 냉정했지만
내적으론 뜨거운 열정을 가지고 있었고,
엄마는 조급함을 숨기고,
느긋하게 자식을 지켜봤으며
아빠의 권위 있는 모습은 내적으로 무기력했습니다.

선생님의 고지식한 모습은
권위적인 모습을 벗어난 탈권위의 모습이었고
연인은 순수하게 끌렸지만 결국 혼자 남게 되었습니다.

의심하는 자는 중립으로 일관하려 했으나
독립적인 선택을 했고
억눌린 자는 억제를 배웠으나 충동적이었습니다.

생각이 깊은 현명한 자는
고독했지만
늘 그 선택에 후회를 했고

순환하는 자는
순환을 거부하면 정체하게 될 거라 했습니다.

바른 사람은 저울질을 했지만
어린아이와 여자에겐 편애를 했답니다.

움직임이 없는 자는
많은 행동결핍으로 발버둥을 쳤답니다.

종결자는 새로운 시작을 끝을 제대로 내야
시작이 있다 했습니다.

열일곱 번째 구름 I

근데 왜 안 도와줘요?

"그의 청혼을 받았더라면
결혼을 했겠지."

공주와 거인이 말합니다.

찻잔을 흔들며 만지작거리던 공주는
결혼이란 단어에 망설이고 이내 말합니다.

군밤 소녀가 되는 건
앵벌이가 되는 거였고,
그들은 가난했습니다.

군밤 소녀는 여자에게 칭찬하는 법을 배웠고,
공장에서 일한 만두 소녀는
머리를 오랜 기간 많이 써서
단순한 일을 하고 싶은 사람들과
단순한 사고를 가진 사람이
공존하는 곳이었다고 말했습니다.

군밤 소녀를 그만둔 건
만나는 수준을 높이기 위해서였고,

공장일을 그만둔 건
공부 욕심이 생겨서였다 했습니다.

실은 집중이 잘 안 됐다 했습니다.
그리고 외도를 한 적은 없지만
물질적 선물을 주는 자들을 거절했다고 했습니다.

11. PAGE Of PENTACLES (R) 집중, 외도, 물질적 선물, 공부욕심

열일곱 번째 구름 Ⅱ

자신감이 좀 부족하신 거 같아요

사랑의 기쁨을 통해 얻어지는 게 뭘까 고민하다
오늘도 거인이 추천해준 음악을 들었어요.

"공주님,
도움을 받고 싶은 것과
도움을 받을 마음가짐은 함께 가져야 해요.
그래서 이사하길 바랬던 거죠?"

신사는 계속 질문을 했습니다.

이사를 가는 건 용감한 행동입니다.
아내가 되는 것 또한 그렇습니다.
그리고 같다는 건 같지 않다는 거와 같습니다.

"나와 비슷한 사람이라고 생각한다고 했죠?
나도 그렇게 느꼈어요.
우리 둘 다 성격이 급하니까…"

열여덟 번째 구름 I
전화하고 오라니까

감나무가 열렸습니다.

"정말…"
또 홍시를 한 알 먹고 싶어 하는
할아버지는 말했답니다.

상상하는 게 좋다 했던
하얀 가루를 들고 다니던 거인은
머리가 하얀 꼬마가 가끔 궁금했습니다.

"마법의 문으로 가는 열쇠를 열었으면 좋겠어요.
당신의 능력을 시험하고 싶습니다."
거인이 말했습니다.

"당신은 사랑하는 대상이 없는 게 문제였습니다."
대천사가 말했습니다.

"엄마는 엄마 스스로를 잃어버렸습니다."
자스민이라 불리운 공주는 말했습니다.

"욕을 들으며 사는 거 좋은 거 아니에요."

하얀 꼬마에게 모두가 말했답니다.

하얀 꼬마는 말했답니다.

"욕먹으면서 배우는 것도 있어요.
맞으면서도 배우는 것도 있고요."

그래서
시집을 좋아한 거인에게
시집을 선물해주고 싶었어요.

열아홉 번째 구름 II
난 그렇게 한가한 사람이 아니에요

"원하는 건 다 이뤘나요?
자식을 위해 도시락을
싸줄 수 있는 사람을 만나고 싶었다면서요.
그리고 당신을 위해 죽는 걸
두려워하지 않는 자를 만나고 싶었다고 했잖아요.
근데 실패했네요."

채취가 없다던 여자가 말했습니다.

"식전주를 즐겨 마시던
여우의 한숨과 목소리를 기억하고 싶었거든뇨.
의리였죠. 나 힘들 때 도와준 사람인데…
하지만 그렇지 않다고 해도
우린 서로를 억제하지 못했을 거예요.
왜냐하면 심성이 고운 사람은
그에 합당한 등가교환을 하게 되거든뇨."

"여우가 준 선물은 기억 못하는 건가요?"

토끼 가면을 쓴 신사가 말했습니다.

"어떤 판단이 옳은지도 모른 채
자기가 들고 있던
검으로 이성을 유지하려 하지만
본인 스스로도 알지 못하고 있네요.
그래서 우린 어울려요."

(TWO of SWORDS)

스무 번째 구름 I
힘내요

"피치 못할 사정이란 게 뭔데요?
안 보였다는 건가요?"

재즈를 좋아했던
장화 신은 고양이가 말했답니다.
여자는 머리가 빠졌고,
살이 쪘으며,
언어적으로 탁월했지만,
수줍음이 많았고,
성이 다른 자들을 보면 부담스러워했으며,
걷기를 많이 했고,
친구가 생겼지만,
의심을 했고,
작은 방에 틀어박혀 지냈습니다.

"사과받아야겠어."
고양이가 말했습니다.
하지만 그건 여자가 해야 할 말이었습니다.

"오며 가며 인사하면 좋겠네."
이 말이 숨은 뜻이었지요.

과연 그 사과란 건
누가 누구에게 줘야 했던 걸까요?
웃긴 건 그 고양이가 아끼던
수정구슬을 보살폈던 건 여자였다는 거예요.

하지만 그 수정구슬은
여자를 좋아하지 않았습니다.

그래서 여자에게 말했답니다.

"초록색 눈을 가진 고양이를 보는 건 어떤 행복일까요?
내가 저 고양이의 눈이 되어주고
저 고양이가 내 발이 되어주면 좋겠어요."

* 피안 : 깨달음의 세계

스무 번째 구름 II

걱정 안 해도 되죠?

유럽여행을 갔다 왔다고 말한 순간
천둥번개가 쳤다고 했습니다.

"네가 그 아일 많이 사랑하는구나."
하얀 고양이가 거인에게 말했답니다.

귀를 닫고 있어도 들으려고 하는 자는
우리가
바로
이렇게까지 하는 이유라고 했고

비바람이 부는 날
구급차를 타는 건 아닐까 걱정을 했던 건
참새가 말했습니다.

"네가 말이야,
싫어하진 않을까 하고 말이야.
난 걱정을 했어.
시간이 지나면 나빴던 기억은
미화되고 희석돼서 좋았던 기억으로 둔갑하게 돼.
그래서 난 희생하려고 했어.

알고 있었거든.

거인이 얼마나 불쌍하게 살았는지."

'그게 다 진실일까?

그래 나도 실은 그 자의 정체를 모르겠어.

하지만 나쁜 사람인 건 맞아.'

천사가 표정이 풍부했던 아이에게 말을 합니다.

"왜 이혼한 거죠?"

"제가 아직 여자가 되지 않아서요.

그리고 불교를 믿으란 뜻인 거 같아요."

* 우바이 : 여자 재가신도를 이르는 말
* 비구니 : 출가하여 불교의 구족계인 348계를 받고 수행하는 여자 승려

스물한 번째 구름 I
무소식이 희소식

답을 찾지 못했다고 했었습니다.
별가루를 들고 다니던 거인은
이 6가지가 있다면
타로는 필요 없다고 했어요.

무엇을 원하는가?
무엇이 필요한가?
무엇이 가능한가?

어떤 위치에 있는가?
어떤 행동을 하는가?
어떤 사람인가?

용병은 수비학을 잘하길 바랬다고
사슴은 말했답니다.
기억상실증을 겪지 않길 바랬다고 했습니다.

관에서 나온 여자와 아이
그리고 남자의 울부짖음은
살려달란 뜻이었으니까요.

"별이 어두운 하늘에도
늘 이쁘게 뜨길 희망했으니까요."

* 수사기관 : 범죄를 수사할 권한을 가진 국가기관

스물한 번째 구름 II

알아

"걘 나랑 하나였어요.
내 분신이었다고요."

시간이 다 됐습니다.
호리병이 또 바뀌었습니다.

열 가지 규칙을 정했습니다.
스스로에게 말이에요
그 이유는 그 아이가 나에게
반하길 바랬기 때문이에요.

그러기 위해서
난 칼 4개가 필요했어요.
첫 번째 칼은 같이 살면서 썼고
두 번째 칼은 지금 쓸 거예요.

그리고 나머지 두 개는
당신에게 줄게요.

"어때요?
바람이 느껴지나요?"

"그래요, 공주님

가질 수도 없고

잡을 수도 없는 건

바람이었습니다.

그래서 바람이라고 불렀답니다."

4. FOUR of SWORDS 재기로 인한 휴식, 다시 일어나기 위한 휴식
* 열반 : 해탈의 경지

스물두 번째 구름 I

오늘의 운세는뇨?

'이따가'란 말은
그 사람의 머리를 아프게 했습니다.

"아오, 합의 다 되면뇨.
우리나라 법이 이상해요."

초조했기 때문에 저장강박이 생겼고
계속 먹었다고 했는데
그냥 배때기가 커진 거 아닐까 싶었습니다.

소녀는 여자가 되었지만
사육당하고 있는 거 같은 자신이 싫었다고 했습니다.

그리고 언어를 배웠고,
사람을 만나기 시작했습니다.

"나와는 다른 선택을 했으면 좋겠어요.
상담을 하지 않았으면 좋겠어요.
너무 슬플 거 같아요.
엄마의 무게를 알았으면 좋겠어요."

마지막으로 하고 싶었던 말이 있는데…

"우산을 늦게 돌려줘서 미안해요."

내 직관력과 순발력으로 인해
거인이 하녀를 함부로 대하면
하녀는 거인을 은연중에 다치게 했고
작은 아이는 대신 복수를 했어요.
그걸 눈치챘겠죠.

알면서도 그 사람은 그렇게
하녀에게서 작은 공주를 빼앗아갔어요, 찌질하게도.
그래서 엄지공주에겐 친척이 생겼답니다.

스물세 번째 구름 I

뭐지 알아요

"미움의 뿌리를 발견했어요.
그걸 잘라내려고요."
공주가 말했습니다.

"처벌을 원하지 않는 거죠? 알았습니다."
사슴 가면을 쓴 신사가 말했습니다.

"단,
체리를 좋아했다고 말한 악어에게
교육을 시키지 않았다는
섭섭함은 잊었으면 좋겠어요, 날 만났잖아요."

웃어 보였던 것도,
상담을 했던 것도 거짓말이었던
행복해 보이지 않은 거인은 상처를 받았다고 했습니다.

* 처벌 : 처벌은 형사재판을 거쳐 유죄로 인정된 범죄자에게 가하는 형벌을 말한다.
* 단체교섭 : 노동자가 결성한 단체가 사용자와 자주적으로 교섭하는 것을 말한다.

스물세 번째 구름 II

플라이 미 투더문 하고 싶네요

그 사람이랑 같이 일하고 싶다.
그저 그뿐이었습니다.

"적당히 해요. 법대로 하는 자를 무시하지 말아요.
절대로, 알겠죠? 그리고 차츰 당신도 현실을 알길 바래요."

고양이는 울었어요.

"문을 스스로 열 수가 없었거든뇨…"

단순하게 생각하는 법을 배웠습니다.
결정을 스스로 하는 법도 배웠습니다.
권리를 지키는 법은 교수님께 배웠습니다.

* 적법절차 : 형사 절차뿐 아니라 모든 공권력 행사에 적용되어야 할 법치주의의 원리이다.
* 고문 : 수사기관이 범죄 혐의자의 자백을 받아내기 위해서 행하는 범죄행위다.
* 단결권 : 사용자와 대등한 교섭권을 가지기 위한 단체를 구성할 수 있는 권리를 말한다.

스물네 번째 구름 I

또 다녀야지

접(만나고 싶은 거예요?)
견(보고 싶은 거예요?)
교(가르치고 싶은 거예요?)
통(통통해지지 말라고 이야기하고 싶은 거예요?)
권(권리를 유지하고 싶은 거예요?)

"다요…"
"언젠데요 그게?"
"10년 뒤 지금은 10년 전."

"피가 나오는 날
의복을 갖춰 입고
자신감 갖고 만날 거예요.
주고 싶은 게 있단 말이에요."

---

* 접견교통권 : 헌법이 보장하는 피의자 또는 피고인의 권리이다. 변호인은 체포 또는 구속당한 사람을 자유롭게 만날 수 있으며, 비밀스럽게 이야기를 나누고 필요한 서류나 물건을 주고받을 수 있다. 변호인이 아무리 원해도 피의자나 피고인 본인이 거절하면 접견교통은 이루어지지 않는다. 수사기관은 대체로 수사에 방해가 되거나 불편하단 이유로 변호인의 존재를 꺼린다. 그래서 가끔 접견을 거부하거나 교묘하게 방해하는 사태가 일어난다.
* 피의자 : 범죄혐의를 받아 수사기관의 수사대상이 된 사람을 말한다.

스물네 번째 구름 II
그 시간은 내가 너에게 준 거야

"피나는 노력을 해야 했어요.
고기도 먹어야 했고 인간적인 삶도 살아야 했어요."

기계가 되어 움직였습니다.
소중한 건 감정이었다는 걸 그땐 몰랐습니다.
유리하게 사는 게 맞는 걸까요?

"예쁘게 살길 바래요, 아가씨.
난 늘 네 옆에 있었어…"

하녀가 말했습니다…

"겨울에 봤으면 좋겠어요.
그리고 왕이랑 함께 국자 모양으로 된 별자리를 보길 바래요."

---

* 피고인 : 피고인이란 기소된 이후 재판의 대상이 된 사람이거나 형사재판의 대상이 된 사람을 말한다.
* 기소유예 : 기소할 수 있는 요건을 갖추었음에도 형사 정책적으로 용서하는 것이 낫다고 판단하여 기소를 하지 않는 처분이다.

스물다섯 번째 구름 I

왜 남 탓을 해요?

"헷갈리게 하지 말고 깨끗하게 포기해라.
이름 부른 건 절대 용서하지 못하니까…"
라고 하얀 고양이가 말하자
작은 공주는 말했어요.

"그래도 우리 여왕님은 자기를 미워하지 말라고 했어요.
날 우리 여왕님이 있는 남쪽 땅으로 데려다주세요."

그때였어요.
여왕이 나타났습니다.

"이따가 같이 장난칠까?
함께 캠핑 가자."

스물다섯 번째 구름 II
다 익은 사람처럼 고개를 숙여라

제대로 합의해서
나경일 키우지 못하는 게 답답할 뿐.

기운 내길
소리 없이 늘 기도했답니다.

편하게 살기 위해 노력하길
의지하길
주인공이 되길 기도했죠.

나는 어릴 때
의사가 되길 바랬어요.
평범한 의사가 아니라
아픈 사람들의 마음을 고쳐주는 의사 말이에요.

그 아이는 어떤 꿈을 꾸든지
그 아이가 하고 싶은 걸 하게
도와줄 수 있는 사람이 되고 싶어요.

수없이 했던 기도는
행복하기 위해 되뇌었던 말이었습니다.

* 기소편의주의 : 기소할 수 있는 요건을 갖추었음에도 형사 정책적으로 용서하는 것이 낫다고 판단하여 기소를 하지 않는 처분이다.
* 수행 : 인도의 고행자들과 같이 신체단련에 중점을 두어 신체에 고통을 가하여 그것을 이겨냄으로써 정신적 달관을 체득하려는 것과 정신적 수련에 중점을 두어 명상이나 억념 또는 일념 등으로 도를 얻으려는 두 가지로 대별된다.

스물여섯 번째 구름 I

별조각은 가까운 데 있었습니다

"기억상실증은 절대 걸리지 않을 거예요.
소리 없이 울었던 날들을 내가 알고 있어요."

중계인이 나타났습니다.

"지금, 난 당신이 필요해요."
공주는 말했습니다.

"친가가 싫을 만큼 그 아이가 소중했던 거죠."
농부의 발자국은 말했습니다.

"작은 공주에게 식사를 챙겨주면 될까요?
부디, 조금만뇨."

여왕이 말했답니다.

---

* 기소중지 : 피의자가 행방불명이거나 할 때 어쩔 수 없이 잠정적으로 수사를 중단하는 처분이다.

스물여섯 번째 구름 II
왜 우리 괴롭혀요?

국기를 올리길 바랬어요.
회오리바람에 기대서 하지 말라고 했지만 이미 시작됐죠.

알아봐 주라고요.
눈에 띄게 말이에요.

"책상 위 열린책이 의미하는 건 뭐죠?"
"수레바퀴 위에서 그네를 타는 건 누구죠?"
"이 기호들은 뭘 의미하는 거죠?"
"니가 하는 모든 질문에 답해주는 여왕이 될게."

"그래서 결혼생활이 힘들었던 거군뇨.
당신의 희생정신, 모든 걸 이해하려는 성격.
고마워요, 당신의 그 성격 때문에
그 사람을 만났고, 내가 태어났네요."

* 열린책 : 인생의 과제들
* 수레바퀴 : 인생의 시간표
* 기호 : 중세시대 연금술

스물일곱 번째 구름 I

공부를 하지 그랬어요

"네가 없다면 내가 느끼는 행복은 가짜 행복일 거야."
글씨를 쓰는 아이가 말했습니다.

엄마는 벌을 받아야 합니다.
하지만 불쌍해요.
밤을 그리는 아이가 코를 문지르고 나니
회오리바람이 불었고 광대가 나타났습니다.

"반가워. 조금만 늦었더라면
네가 위험했을 텐데 와줘서 고마워."

표정이 풍부했던 아이를 사랑한 거인은
추억을 훼손하고 싶지 않아서 바라지 말고
밀림에 앉아있던 악어의 눈을 가만히 바라보라고 했답니다.

* 회광반조 : 사람이 죽기 전에 정신이 잠깐 맑아지는 현상
* 바라밀 : 피안의 경지에 이르고자 하는 보살 수행의 총칭

스물일곱 번째 구름 Ⅱ

소년의 입은 검게 변했고,
소녀의 손은 노랗게 변했습니다

욕심이 많은 그 아이에겐
스스로에게 커피를 주라 했고
작은 아이에겐 젤리와 과자를 주라 했습니다.

우리가 밤새 전화를 할 날이 올까?
난 또 거짓말을 해야 할까?
누구를 위해서…
벽이 흔들렸고 웃음소리가 들렸습니다.

"옛날 생각에 웃음이 났네."

그리고 거대한 몸을 가진 그는
한번에 여자의 숨을 끊었습니다.

스물여덟 번째 구름 I
어릴 때부터 공부를 잘했어요

"사이가 멀어진 이유를 묻지 마렴. 다행인 거야."
공주는 말했어요.

"빛이 많네."
사슴 가면을 쓴 신사가 말했습니다.

우리가 해줄 수 있는 게 있을까?
바로
이렇게
비가 오는 날엔
구차해지지 않게

"비가 내리는 날 우산을 줬던 건
이제 그만 울길 바래서 줬던 거였어요."

'우산을 주고,
날씨와 장소에 상관없이 좋은 것만 눈에 담고,
좋은 것만 마음에 담아도
시간이 모자르다는 걸
알려주는 거 말곤 없는 거 같은데…
바로 너에게 말이야.'

"자살하고 싶었는데

잘못 죽으면 평생 장애를 달고 살까봐.

그러면 불행해질 거 같아서요.

그냥 한 번에 딱 죽고 싶었어요.

그래서 그 사람한테

목을 졸려서 죽일 수 있냐고 물어봤어요."

* 우바이 : 출가하지 않은 여자 재가신자
* 비구 : 출가하여 구족계를 받은 남자 승려

스물여덟 번째 구름 II

내가 이런 게 한두 번이 아니에요

의지하고 싶지 않았어요.
식구라고 했지만 트라우마 때문에…

전부 주고 싶었어요.
의지했던 그 아이에게
식구라고 느꼈으니까.

초를 켰어요.
그 사람이 했던 거처럼
자기를 위한 초였을까요?
초대받은 사람을 위한 초였을까요?
아침을 함께하지 못해 불평을 늘어놓은 거죠?

원하는 걸 찾을 수 있게 도와줄게요.
초대할 테니까 모임에 나와요.
아침에 나에게 인사했던 그 여잔 어디 있는 거죠?

* 의식 : 현재의 감정, 생각을 말한다.
* 전의식 : 노력하면 의식되는 부분
* 초자아 : 도덕의 원리이자 사회적 규범을 지키는 것

스물아홉 번째 구름 I

주소 알려달라 해요. 애 옷 보내준다고

"어른은 많은 책임을 져야 하는 거니까 힘든 거였군뇨.
고마운 사람이라 생각하겠습니다."
여왕은 사슴 가면을 쓴 신사에게 말했습니다.

고양이는 알고 있었습니다.
고양이 눈엔 모든 게 담겨져 있었습니다.

전문가는 역시 다르네요.
그가 문을 따고 들어왔고,
솜씨가 좋았던 그는 한번에
여잘 낚아채고 종이를 쥐어주며 지시했죠.

"살기 싫다라고 적어."

샹들리에가 흔들렸습니다.

그리고 거대한 몸을 가진 그는
한번에 여자에 숨을 끊었습니다.

스물아홉 번째 구름 II
하얀 모자와 검정 모자의 싸움

"숲에서 만나요."

"아빠가 없는 건 내가 없는 거와 같아요.
라고 말하겠네요.
당신 딸이요."

"나경이요?
그럼 다행이죠.
아빨 사랑하는 딸이 되길 바래요.
그래도 한 번쯤 날 돌아봐 줬으면 좋겠어요.
그 아이가 견디기 힘들 때 언제든지 엄말 기댈 수 있길.
원래 아빠가 혼내면
엄만 위로해주는 존재니까…"

"때리지 말고 이야기를 했으면 좋았을 텐데.
내 아이가 사는 세상에선 그런 일이 없었으면 좋겠어요."

서른 번째 구름 I
괴물의 집엔 작은 요정이 살았습니다

증거자료는 모두 사라졌습니다.
상대방 변호사와 아빠란 자는
이 여잘 사이코패스로 만들었습니다.

상대측의 증거는 전부
엄마가 판을 다 짠 거처럼 만들어졌습니다.

엄마는 스스로가
좋은 사람이란 증거를 없애서
스스로 좋은 사람이 아니게 만들었습니다.

변호사는 알고 있었습니다.

"엄마라는 자의 눈이 달라요.
살인자의 눈이 아니에요."
라고 말해주고 싶었습니다.

"넌 그냥 평범한 사람이야."
"넌 네가 짓지도 않은 죄까지 뒤집어쓰우고 있어."

"당신은 그저 한 남자를 엄청 사랑한 여자였고,

그 사람이 처리해달란 말 한마디를 남기고
당신에게 처리해달라고 말을 했다는 걸
전 지켜보고 있었답니다."

"아빠라는 자는
자기가 큰 잘못을 저질렀다는 것조차
극심한 충격으로 인해 기억을 못하는 듯했어요."

"친척이라는 자들에게 내가 고생을 했다며
동정심을 받으며 그렇게 옹호를 받으면서
영웅 놀이를 했던 거죠."

* 증거자료 : 법원이 증거방법을 조사한 결과 얻은 자료

서른 번째 구름 II
스스로 괜찮은 사람이라고 생각하세요

여자가 웃었던 건
날 해치지 말란 뜻이었습니다.

여자를 살리기 위해
100가지 약초를 달인 남자가 있었습니다.

"모르고 있었겠죠…
남편의 행동이
아내를 하루하루 죽이고 있다는걸요."

"따로 따로 섬에 살고 있는 거 같네요.
웅덩이엔 진흙도 보이고요."

"자살을 한 걸까요?
혹시 약을 먹은 걸 기억하지 못하고
꿈인 줄 아는 거 아니에요?"

"알면서 먹은 거겠죠."

"다른 사람한테 피해 주기는 싫고,
스스로가 아픈 게 나으니까

속상하게 해주고 싶지 않아서
상처받는 길을 선택했을 거예요.
알면서…"

훗날 남자 옆엔
여자가 있었다고 했습니다.

서른 번째 구름을 마치고…

하얀 가루를 들고 다니는 거인에게
의미 없는 하루란 존재하지 않아서
하루의 의미를 이해할 때 자신의 의미 또한 알게 될 거랍니다.

남자에 대한 두려움이 편안함이 되었고
연민이 우정이 된 변호사님에게

"저도 언젠가 거인처럼 운전을 하고
하루 일을 마친 뒤 석양을 보는 날이 올까요?"

작은 요정에게
어디에서 살건 무조건 나쁜 것도 무조건 좋은 것도 없단다.
아무리 좋은 금 숟가락이라 해도 의미 없는 곳이 있는 거고
아무리 허름한 녹슨 숟가락이라 해도
연마하면 광택이 금 숟가락을 능가하고
쓰임에 따라 금 숟가락보다 더 쓰임이 많은 거란다.

에필로그

토끼 가면을 쓴 신사에게
거인에게
사슴 가면을 쓴 신사에게
지켜보던 새에게
늑대에게
괴물에게
변호사에게
사냥꾼에게
고양이
대천사
기사
에게

하얀 가루를 들고 다니는 거인에게
별가루를 늘 갖고 다녔던 검정색 코트를 입었던 사람에게
별가루를 들고 다니던 거인에게

용병, 오컬트를 좋아한 짜증을 잘 내던 장발장에게
오컬트를 좋아했던 노인에게
로봇처럼 변한 늑대에게

하얀 가루는 자주 신물이 올라서
소다가루를 들고 다닌 거인이고,
별가루를 늘 갖고 다녔던 건
좋아하던 과자의 별사탕을 좋아했던 게
기억나서 표현한 거였고
연애 당시 검정색 코트를 즐겨 입어서 썼던 거야…